「社会人大学院生のススメ」
働きながら、子育てしながら博士・修士

高学歴ワーキングプアを解決する具体的方策と学位取得者7人の証言

松本肇（編）　稲垣諭、長沼貴美、如月真実、木村知洋、宮子あずさ、渡辺治（著）
ぼうごなつこ、氏ムシメ（画）

「社会人大学院生のススメ」働きながら、子育てしながら博士・修士
高学歴ワーキングプアを解決する具体的方策と学位取得者7人の証言

はしがき
  用語の表記について ……………………………………………… 7

第1章　学歴が無いからワーキングプア、学歴があってもワーキングプア … 13
  本当にいた「高学歴ワーキングプア」 ………………………… 14
  なまじ学歴が高いから避けられる ……………………………… 16
  大学院修了者が不利なら就職してから大学院へ行け ………… 18
  「働きながら大学院生」と「専業の大学院生」の単純比較は550万円の差 … 20

第2章　大学院へ進学する方法、修了する方法 ………………… 23
  4年制大学を卒業すると「学士」の学位が得られる ………… 23
  大半の大学院は「修士課程」と「博士課程」である ………… 23
  大学院の特徴は「指導教授による論文指導と審査の有無」 … 24
  「博士課程」を終えても、博士が授与されない不思議 ……… 25
  大学院には専門職課程もある …………………………………… 26
  大学院修士課程の進学フロー …………………………………… 29

第3章　大学卒業資格が無い人のための大学院進学 …………… 37
  中卒でも大学院へ行ける時代は確かに到来した ……………… 37
  大学院へ行くならやはり学士を取得せよ ……………………… 42
  通信制大学を利用すれば格安で学士が手に入れられる ……… 42
  大学評価・学位授与機構を活用すれば、最短半年で学士の申請ができる … 43
  中卒・高校中退の人は放送大学への入学が無難 ……………… 45

第4章　いかに安く、楽をして、合理的に大学院へ行くか …… 47
  放送大学なら修士1個50万円 …………………………………… 47
  大学院は交渉次第で何とかなる場合もある …………………… 49

入学したら論文の完成を目指してオタク道を突き進め！ ……………… 50

第5章　某メガバンク行員がMBAを取り、教育学を学んでみる …………… 53
　　　　　　　　　　　　　　　　　　　　　　　　　稲垣諭（銀行員）
　大学院進学を模索してみる …………………………………………… 55
　準備できない「推薦書」 ………………………………………………… 57
　厳しい面接のそのわけは ………………………………………………… 57
　コンサルティング・ワークショップという最後の難関 …………………… 60
　次なる目標のため、再び大学院へ ……………………………………… 64
　転勤に備えて通信制大学院を選択 …………………………………… 64
　再び「推薦書」で悩む …………………………………………………… 65
　通信制のメリットを最大限に活かす …………………………………… 68
　大学院は人生を変える ………………………………………………… 69
　二度あることは三度 ……………………………………………………… 70

第6章　看護専門学校から学士・修士・博士、そして今は看護大学教授 …… 73
　　　　　　　　　　　　　　　　　　　　　　　長沼貴美（看護大学教授）
　看護師を目指して ……………………………………………………… 74
　学士への始動 …………………………………………………………… 77
　大学院博士前期課程へ ………………………………………………… 79
　社会人向けの受験対策 ………………………………………………… 80
　生活と研究の両立 ……………………………………………………… 82
　修士論文の取り組み方 ………………………………………………… 82
　修士が博士を目指すとき ……………………………………………… 83
　大学院設置基準第14条 ………………………………………………… 84
　大学院博士後期課程へ ………………………………………………… 84
　博士号って？ …………………………………………………………… 86

第7章　高齢化の進んだ徳島で、薬剤師が福祉を学ぶ ………………… 91
　　　　　　　　　　　　　　　　　　　　　如月真実（薬剤師・薬店経営者）

偶然に放送大学大学院を知る …………………………………… 93
　一次選考から二次筆記試験へ …………………………………… 94
　いよいよ飛行機通学 ……………………………………………… 98
　指導教授とのやりとりはメール ………………………………… 99
　受診者を対象に追跡調査を試みる ……………………………… 100
　店舗イコール勉強部屋 …………………………………………… 103
　無事？　無謀？　1年で22単位修得 …………………………… 104
　VHSテープに追い立てられながら学習 ………………………… 104
　論文発表・口頭試問 ……………………………………………… 105
　研究してあきらかにすることの面白さ ………………………… 109

第8章　システムエンジニアが趣味で労働経済学を学んでみた ……… 111
　　　　　　　　　　　　　　　　　　　木村知洋（システムエンジニア）
　国鉄の運転士を目指していた高校時代 ………………………… 112
　第4志望の大学に合格 …………………………………………… 112
　京都産業大学大学院の入学試験 ………………………………… 116
　金銭面での「工夫」は交通費や滞在費 ………………………… 119
　人間関係は薄いので孤独との闘い ……………………………… 120
　日々の学習でバテ気味になる …………………………………… 121
　教科書はインターネット書店を多用 …………………………… 121
　最終課題レポートが最大の難関となる ………………………… 122
　大学院で修士（経済学）を取得してみて ……………………… 126
　ブレない大学院選択法 …………………………………………… 126

第9章　専門学校出身、博士（看護学）をめざす大学通信教育大好きナース ……… 129
　　　　　　　　　　　　　　　　　　　　　　　宮子あずさ（看護師）
　趣味の大学通信教育 ……………………………………………… 130
　予想しなかった退職を決意するまで …………………………… 132
　恩師と呼べる人がいる幸せ ……………………………………… 134
　私が今の大学院に決めた理由 …………………………………… 135

願書と受験勉強 …………………………………………………… 137
　そして試験当日 …………………………………………………… 138
　合格。そして新生活へ …………………………………………… 140
　修士論文と博士論文 ……………………………………………… 142

第10章　留学中も稼ぎ、世界を席巻した北海道出身の建築家 ……… 145
渡辺治（一級建築士・工学博士・技術士）
　今でも大学院に戻りたいと思うときがある ………………………… 146
　学部の4年間では建築をやる決意が得られず大学院へ進学 ……… 146
　東京を目指す ……………………………………………………… 148
　ニューヨークを拠点にして全米を周遊 …………………………… 149
　本気で設計→アメリカ留学、本質を求め→東大博士課程 ……… 150
　北海道大学教授の父に感謝 ……………………………………… 150
　アメリカの大学院生の平均年齢は30歳を越えていた …………… 152
　奨学金を貰ってヨーロッパの授業を受けに ……………………… 158
　日本では仕事が待っていた ……………………………………… 159
　学歴があっても仕事は来ない …………………………………… 160

第11章　失敗とギリギリの連続だったけど、取った修士は本物です ……… 163
松本肇（学歴研究家・作家）
　どこでもいいから大学へ行きたかった高校生 …………………… 164
　民事訴訟法のゼミに入って目からウロコが落ちる ……………… 166
　大学院へ行こうと思った日 ……………………………………… 166
　初年度の学費は親頼み、2年目は請負業務で捻出 ……………… 168
　試験監督のアルバイトと懸賞論文と携帯電話代理店 …………… 170
　単位は取れたが修士論文は不合格 ……………………………… 171
　修士3年目は授業料24万円 ……………………………………… 172
　27歳で大学院を修了、そして本格的な会社経営へ ……………… 175
　大学の方から学生の募集方法を相談されるようになる ………… 176
　東京大学大学院への道 …………………………………………… 177

第12章 「学歴ロンダリング」に惑わされる人々とこれからの大学院 …… 181
　学歴ロンダリングとは、ただの謙遜用語 …………………………………181
　実は東京大学卒はあてにならない …………………………………………182
　東大に入ってみて分かった「東大生の愚かさ」とは ……………………185
　そもそも大学院の役割とは何か ……………………………………………186
　指導教授にロンダリングなどは関係ない …………………………………187
　大学院は、教授との相性・教授の業績・学習環境を重視せよ …………188
　幸せな大学院進学に必要なのは徹底した事前調査 ………………………188
　優秀な人物が研究者・大学教授になれる日を ……………………………189
　修士を持っていれば優秀な職業人になれる時代 …………………………191
　次の一歩はインターネットや進学情報誌 …………………………………192

あとがき ……………………………………………………………………………194

はしがき

　本書を手に取ってくださり、ありがとうございます。
　この本を手に取ったあなたが、すでに大学を卒業した人なら、学士や大学卒業だけでは自分の学歴が十分だとは思っておらず、大学院へ進学することで、より上位の学位や学歴を取得し、より良い就職を目指している方だと思います。
　また、あなたが大学を卒業していないというのであれば、漠然と将来設計を考える中で、大学院進学を含めた身の振り方や大学進学法などを考えている方だと思います。
　そして、大学で勉強したことについて、単にもっと深く追求したい人もいれば、研究者・学者への道を模索したい人、資格等と直結する専門職大学院へ進みたい人もいるでしょう。

　さて、この本は、今までの大学院案内とはちょっと違います。
　今までの大学院解説本といえば、大学院の名前・住所や研究科を列挙しただけの電話帳のようなもの、研究計画書の作成方法をおおざっぱに解説したもの、大学院へ進学すれば夢のような将来が待っているようなことを解説したものがほとんどだったと思います。大学院へ進学した人の成功事例といえば、大学教授になることや、学部卒のみなさんよりも有利な就職をしたことなどが中心だと思います。そして、体験談や経験談はその成功者たちの素晴らしいコメントであふれているのです。
　しかし、実際のところ、そんなに輝かしい未来はなかなか訪れません。
　少子高齢化が進んだ社会で、学生の確保が困難になった大学は、新たな学生の募集に力を入れると共に、大学院生を増やすことで学生数や授業料収入を確保しようとしています。そして大学院に進学した人たちが、より良い就職機会を得るかというと、実はそうでもありません。大学院博士課程を修了して博士を取得しても、専任講師の道がほとんど無くて、大学の非常勤講師をやりながら細々と研究をしているとか、コンビニエンスストアで働きながら、消費期限切れの弁当を食べて日々の生活を支えているなんて人も多いのです。
　一方、その大学院修了者が研究者の道をあきらめて一般企業に就職しようと思うと、企業は大学院修了者の枠を用意しておらず、大学卒業者の募集に応募すれば、

はしがき

「プライドが高そう」とか、「専門バカ」といった印象を持たれて煙たがられるという話も多く聞きます。

　2000年前後、ITバブルが崩壊して就職氷河期と言われた頃、内定の取れなかった大学生たちは、わずかな望みをつなぐために大学院へ進学しました。例えば大学院の修士課程を修了すれば、2年後には再び新規学卒採用の応募資格が得られるからです。

　しかし、それから10年が経ち、今度は未曾有の金融危機が訪れ、就職戦線が超氷河期状態と言われる現在は、大学院へ進学する方法こそあてにできません。大学の卒業を目の前にして就職浪人を余儀なくさせられている人の中には、あえて留年して就職機会を狙う人もいます。単位を満たしてしまったために大学を卒業した人は、就職活動と並行して、改めて専門学校に入学するといったケースが激増しているのです。

　つまり、わざわざ大学院へ行くよりも、留年を選択するとか、大学よりもランクが低いはずの専門学校へ進学した方が就職に有利だということが、大学生にとっては常識となってしまっているのです。こうなると、大学院へ進学するということは、上位の学歴を得ることになるのか、むしろ余計な学歴になるのか、わからなくなってきます。

　そこで、私はひとつの仮説にたどり着きました。今の時代、超氷河期と呼ばれる現状をふまえて考えれば、「就職のために大学院へ行く」という決断は無意味なのではないかと思うのです。「無意味」が言い過ぎであるなら、「過大な期待」と言い換えるべきでしょうか。

　立命館大学衣笠総合研究機構研究員の水月昭道さんは、著書『高学歴ワーキングプア』（光文社）の中で、大学院を修了しても行き場の無い博士たち（⇒野良博士）が多数存在することについて、詳説していますが、確かにその分析はかなり的を射ています。

　さて、この本の基本的な考え方は、「職にありつくために大学院へ行く」のではなく、「職にありついた上で大学院へ行く」ことをベターとしています。
　なぁんだ、ただの趣味や生涯学習か……と思ってしまった方がいたならそれは早計です。

そもそも大学院を修了しても職に就けないのであれば、きちんと就職活動をして、卒業と同時に就職した方が良くて、それでも大学院へ行きたいのなら、「働きながら大学院へ行った方が合理的」と述べているのです。

　働きながら大学院を修了すれば、現在の勤務先では何の評価を受けられなくても、あなたがいずれ転職しようと考えている場合、修士や博士という学位は強力な武器になります。もしあなたの専門性が認められて、大学等から研究者・教員としてオファーがあった時、修士や博士の学位を持っていれば、それだけで有利な就職（転職）活動を行えるようになります。

　そこで、「仕事も何もかも投げ打って研究の道に進む」という考え方に畏敬の念を持ちつつも、「生活の基盤を持った上で研究活動をやってみよう」というのが本書の考え方です。

　働きながら、生活の基盤を整えながら、または子育てをしながら大学院へ行く。

　必ずしも大学院修了者が就職面で優遇されない我が国に関していえば、こんな大学院進学の方が、実は合理的なのかもしれません。

　さて、本書を手に取られた方の中には、大学院がどういうものか、実情を全く知らない人も多いと思います。大学の上位の教育機関なのに働きながら修了できるのか不安な人も多いと思います。そこで本書では、大学院とは何か、研究とは何かについてお話しした上で、5章〜11章では実際に働きながら、または子育てや商売をしながら大学院へ進学した人、私を含めて7人が、その体験を語ることにしました。

　もちろん、本書で紹介できる大学院や経験談はほんのわずかです。この他にも無数の大学院はありますから、全ての大学院に共通する内容ではないことを念のため申し上げておきます。

　読み終わった時、「私にもできるかもしれない」とか、「とりあえず資料だけでも請求してみるか」と思っていただければ幸甚です。

松本　肇

はしがき

用語の表記について

本書では、なるべくその業界や分野で使われている一般的または正しいとされる表記を心がけていますが、以下のような場合は適宜、柔軟に書き換えて対応していますのでご了承ください。

学位の名称・称号

平成3年の学校教育法と学位規則の改正により、学位の表記方法が変わったことを受け、改正前に授与された場合と改正後に授与された場合、実質的には同じ効果を持つ学位・称号であっても、表記方法が変わります。本書では、授与された時点の学位記や修了証に準じて、以下のように表記します。

改正前		改正後
工学博士	→	博士（工学）
薬学士	→	学士（薬学）

「西暦」と「元号」

自然科学分野で論文を書く場合、西暦で表記するのが一般的ですが、法律の条文や判例については平成や昭和など「元号」で表記するのが普通です。本書は様々な分野の情報が混在しているため、その時々の情報の性質によって柔軟に西暦と元号を選択または併記して表記することがあります。

「卒業」と「修了」

我が国の法律や教育行政上の慣例によれば、高等教育やそれに類するもののうち、大学・短期大学・高等専門学校については「卒業」、大学院や専修学校専門課程（専門学校）については「修了」と表記します。

実質的には卒業も修了も同じことを指しますが、この違いは単にその学校区分の中に異なる課程がある場合（大学院なら修士課程と博士課程、専修学校なら専門課程・高等課程・一般課程）などに「修了」、学校区分の中に複数の課程が無い場合は「卒業」と表記します。

本書ではなるべくこの表記法に準拠しますが、紙面の都合で「短大や専門学校を卒業する」などと表記することがあります。
　なお、外国の大学については「修了」と表記するのが一般的ですが、これも紙面の都合で「卒業」と表記することがあります。

第1章　学歴が無いからワーキングプア、
　　　　学歴があってもワーキングプア

大いなる誤解

　私は小学生の時、「学校の建物は大きいのに、小学校がなぜ小さい学校なのか」という質問をしまくって、周囲の大人たちを困惑させていたそうです。

　確かに、小さいから小学校、中くらいだから中学校、高いから高等学校、大きいから大学……と考えていけば、生徒の体の大きさに合わせて呼称が変わっていくというのもわかります。しかし、大学院は大学より上のはずなのに、「超大学」でもなければ「巨大学」でもありません。なぜ大学院なのかについて、疑問に思っていたのです。

　さて、名前の由来なんて、どうでもいいことですが、私は大学へ行くまで、「大は小を兼ねる」というように、上位の学校を卒業していれば、下位の学校を卒業した人よりも優遇されるものだと思い込んでいました。

　しかし、本書のはしがきでも紹介した水月昭道さんの著書で触れられていたように、大学でそれなりに優秀な成績を修めて卒業した人が、かなりの学費を捻出して大学院へ進学したのに、なぜか定職に就けないというケースが増えているのです。高校よりも、大学よりも上位の学歴のはずなのに、就職できないのです。もちろん、職に就けないというのは、本人の努力が足りないという場合も多々ありますが、この問題については「そもそも大学院出身者の採用をしていない企業が多い」ことや、研究者になりたくても、その「研究者になるための採用枠そのものが少ない」こと、それを無視して「大学院進学者を激増させてしまった」ことが社会問題化しているというのです。

　研究者はともかく、大学院修了者に対する求人の状況について、東京大学の大学経営・政策研究センターが行った調査によると、国内の企業に新規採用者に占める大学院卒の割合について質問したところ、有効回答7239事業所のうち4295事業所が、つまり59％の企業が「この学歴での採用はしていない」との回答でした。

　つまり、新規学卒採用者を受け入れている企業の半分以上は、「そもそも大学院修了者を想定していない」ということになります。

　大学院修了者の採用を想定していないという事実は致し方ないとしても、大学院修

※東京大学 大学経営・政策研究センター／2009年の夏に実施。全国572万事業所から5万事業所を抽出し、8777人の人事担当者へのアンケート調査（金子元久教授）より

了者は大学院に入学する前提として、大学を卒業しているのが普通ですから、せめて大卒として採用されるべきです。しかし、現役で４年制大学を卒業して２年の修士課程を修了すると、順当に進んだ人でも24歳です。22歳で就職できる大卒者に比べれば２年間と相応の学費を投資しているのに、なぜか「大学院を修了したのに就職の時には大卒で二浪扱い」という、恵まれない経歴になってしまいます。

　一方で、工学系・技術系の場合は、大学院へ進学するのが一般的という話もよく聞きます。確かに、情報通信業、建設業、電機・ガス・熱供給、製造業、鉱業といった分野は、大学の工学部などの教育よりも、もう一歩進んだ大学院での研究経験を持つ人を歓迎する企業が多いため、大学院進学は有利と言われています。しかし、そのような大学院修了者を多く採用するような企業であっても、人文科学系・社会科学系の大学院修了者が就職しようとすると、大学院修了者としてはなかなか採用されません。もともと、事務・営業系の部署には大学院修了者が少なく、大学や大学院での専門分野が尊ばれることは少ないので、やはりあまり歓迎されません。単なる大卒としてなら受け入れても、大学院修了としての待遇は期待できないというのです。

　私はずっと、「中卒よりも高卒」、「高卒よりも大卒」、「大卒よりも大学院修了」……と、学歴が上位になればなるほど、社会はオールマイティな人材として、大学院修了者を喜んで受け入れるものだと思い込んでいたら、実はそうではありません。博士や修士は学部卒よりも上位なのに、一般の就職活動においてはむしろ不利なのです。研究機関や上場企業の関連部署に採用されるならともかく、普通の学部卒と同等の就職をしようと思ったら、とにかく大学院へ行ったことをひた隠しにする方が有利だという、変な話もよく聞きます。

　こういう事実を目の当たりにすると、大学院へ行けば幸せになるというのは、実は大いなる誤解であることがわかります。本来のあり方を考えてみれば、多くの時間と費用を投下した大学院出身者を疎ましく思う企業の方こそ問題ですが、この問題を解決するために、全ての企業を回って説得するというわけにもいきませんから、企業側の意識改革は待つしかないのが実情です。

本当にいた「高学歴ワーキングプア」

　昨年、私はテレビの深夜放送で、大学院を修了後、大学や専門学校の非常勤講師を勤めながら研究を続けているワーキングプアの人を採り上げたドキュメント番組を見

ました。この番組の中では、月収10万円で家賃3万円の風呂無しアパートに住み、細々とした生活をしながら専任講師の口を探す過酷な日々を送る姿などを伝え、その高学歴ワーキングプアの方の生活が改善しないまま、社会に問題を問いかけるだけで番組が終わりました。

　私は「こんな悲惨な話はごく稀な話だろう」、「極端な例を採り上げ過ぎだ」などと思っていたところ、実は私の周囲にも数人、同様の生活を送っている人たちがいました。

　修士を取得して10年間、かつて学生として世話になった大学教授から月3万円を貰い、私的な助手を務めながら研究職を探している人。大学の非常勤講師を3つほど掛け持ちするものの、月収は10万円にも届かず、看護師である妻の収入に頼りながら生活を送っている人。そして年金暮らしの両親と共に暮らし、大学と専門学校の非常勤講師を続けながら、インターネットで大学の専任講師の口を探している人などです。

　幸運にも、3人目の知人は、2010年4月から都内の大学の専任講師が決まりましたが、やはり大学の教員というのは狭き門という印象が否めません。彼によると、非常勤講師でギリギリ食いつないでいる友人が多く、「どこでもいいから人並みの暮らしのできる大学や専門学校へ就職したい」と喘いでいる人が本当に多いそうです。

なまじ学歴が高いから避けられる

　近年の不況で、高校卒業者の就職内定率が極めて低くなっていることがタイムリーな社会問題となっています。実は高校卒業者の就職については、国内の製造業の多くが中国、インド、ベトナム、タイなど、東南アジア各国へ製造拠点を移したため、国内の単純作業系の労働力を必要としなくなったことも影響しています。製造拠点が海外に移ると、企業全体としては大きなコスト削減につながりますが、それは同時に製造業の働き手として採用されてきた高校卒業者の正規雇用を困難にしただけなのです。正社員として就職できないということは、高卒の人たちはフリーターや派遣労働者といった、職業経験の薄い人でも容易に就ける仕事に従事することになりますが、不安定な雇用形態である他、勤務経験が次の職場に活かしにくいという問題が生じます。これは「学歴が無いからワーキングプア」の典型です。

　そこで、家計を切り詰めたり、奨学金や教育ローンなどを利用したりして、学費を

捻出し、無理に専門学校や大学へ進学する人が増えています。これは、就職を有利にするために進学するケースです。かつてバブル経済が崩壊した1990年春、4年制大学への進学率は30％に満たなかったのに、現代のこの不況下においては2009年春の4年制大学進学率が50.2％と驚異的に進学率が伸びています。実は、大学や専門学校進学率を支えていたのは、少子化による大学全入時代が到来したからでもなければ、可処分所得が増えて教育に金をかける家庭が多くなったからでもありません。単に、「製造業が海外移転したため、ただの高卒では就職できなくなったから」という、実に皮肉な状況だったのです。

その一方で、4年制大学を卒業したからといって、希望するところに就職できず、モラトリアム期間（若者が社会人になるまでの猶予期間）を延長するため、安易に大学院へ進学してしまう人も増えています。

前述したように、工学などの自然科学系分野においては大学院修了者を受け入れる間口が広いため、技術職や研究職として各種メーカーなどへの就職は有利とされていますが、人文科学系・社会科学系になると一気に間口が狭まります。

一般的な視点で考えれば、4年制大学卒業で就職できる企業に大学院修了者が就職すると、新規学卒で就職したのにも関わらず年齢が2〜3歳上で、学位も上位のものを持っている人について、他の従業員と同じに扱うべきか、それとも別物として扱うのか、企業の方が戸惑ってしまうのです。できることなら型破りな人物は採用したくないという気持ちもわからなくもありません。

一般企業へ就職するために大学院へ行くのは間違いなのか

こうして考えてみると、将来は研究者になりたいとか、教育職に就きたいとか、臨床心理士や法曹資格などを取りたいなどの、明確なビジョンが無いのに、単にモラトリアム期間を延長するために、多額の学費を払ってまで大学院へ行くというのは疑問です。投じるコストと見返りを比較すれば、決してお勧めできない進路ということになります。

ただ、私は大学院修了者のひとりとして申し上げるなら、大学院修了者は大学院修了者である前に「少なくとも大卒」です。

4年制の大学を卒業した者が、更に2年を専門的な学習や研究に費やして、それなりの成果物を作成してきたのですから、「大卒よりも扱いにくい人種」と捉えるのは

間違いだと思っています。もちろん、大学院修了者の中には、その学歴を鼻にかけてインテリを気取る人もいますが、それをいうなら、単なる大卒であっても、その大学の有名度で人の優秀さを判断する人もいるし、大卒であることで高卒採用の人をバカにする人もいます。

ですから、私は「大学院修了者を尊ぶ必要はないけれど、少なくとも彼らが大卒であることを認め、企業の人材募集に際しては、もっと積極的に大学院修了者枠を設けるべきだ」と思っています。

大学院修了者が不利なら就職してから大学院へ行け

本書で私がいくら「大学院修了者も大卒と認めて採用に便宜を図れ」とか、「大学院修了者の採用枠をもっと増やせ」と述べても、すぐに日本の採用状況が変わるわけではありませんし、社会の変革を待っていたら、5年や10年はすぐに経ってしまいます。それでは、大学院へ進学したいけれど、就職も捨てがたい……なんて人はどうすべきでしょうか。

中でも、その進学したい大学院が、人文科学系や社会科学系で、就職活動では必ずしも評価されない分野である場合、いったいどうすれば良いのでしょうか。もし今、みなさんが大学の3年生くらいだったとして、就職か進学か迷ったとしたら、どう判断しますか。

みなさんの親の立場で考えれば、「子どもが勉強したい」と言うのであれば、そしてあと2年くらいなら学費を捻出できるくらいの資力があれば、きっと「大学院へ行け」と背中を押すでしょう。しかし、冷静に考えてみて、大学院を修了した後、就職に困りそうな分野・業界であるとするなら、私は迷わず「まずは就職すべきだ」とアドバイスします。なぜなら、今の時代は、大学院修了者を喜んで受け入れる下地が企業にはないからです。

もちろん、どんなに厳しい業界だったとしても、どんなに困難があろうとも、突き進んで成功する人もいますから、本当に心から行きたいと考える人は、大学院へ行けばいいと思います。

ただ、今は昔と違って、通信制の大学院があります。夜間に開講している大学院もあります。本来はフルタイムで平日の通学が必要な大学院でも、社会人に対しては柔軟な対応をしてくれる大学院もあります。

それでも就職の可能性を全て捨てて大学院へ行くというのなら別に誰も批判はしません。
　だけど、就職の可能性をまるごと捨て、社会人を受け入れてくれる大学院を調べもせず、とにかく進学が先決と考えてしまうのは、やはり良くありません。

「働きながら大学院生」と「専業の大学院生」の単純比較は550万円の差
　もし、読者のみなさんが、大学を卒業してすぐに大学院修士課程へ入学すると仮定します。大学院といってもさまざまですが、人文科学系・社会科学系の一般的な私立の大学院だとすれば、年間およそ70〜120万円くらいです。年間70万円の大学院なら、修士課程修了までにかかる費用は2年でざっと150万円と算定できると思います。少し露骨な言い方ですが、「修士1個は150万円の支出で買える」といえます。
　一方で、あなたがある企業に、大卒として就職をすると仮定します。企業といってもいろいろあると思いますが、例えばその企業の初任給が月額20万円だったと仮定すると、入社初年度のボーナスはたいして期待できないでしょうから、ざっと年収250万円くらいになると算定できます。そして2年目は少し昇給し、ボーナスももう少し出るので、ざっと年収300万円とすると、2年間で550万円の収入が得られることになります。
　フルタイムの大学院へ通った場合は、無収入かつ2年間で150万円の支出。
　フルタイムで就職した場合は、2年間で550万円の収入です。もしあなたが、同じ学費の大学院に、社会人学生として入学していたと考えれば、単純計算で差し引き400万円が手元に残る計算になります。
　つまり、就職せずに大学院へ行った場合は、マイナス150万円。就職して、かつ働きながら修士を取得したとすれば、プラス400万円ですから、この差はまるまる年収分の550万円となります。
　さて、この差の550万円は、本当に550万円でしょうか。

実は2年の差が1000万円を超える差を生み出す
　フルタイムの大学院に2年間通ったとすると、就職する時期は間違いなく2年遅れます。

就職の機会が２年遅れるということは、65歳定年の会社に22歳で入社すれば43年間働けるのに、２年遅れの人は41年しか働けないことになり、つまり定年が２年早まるのと同じことになります。これがそれなりの会社規模で、年功序列型で昇給が見込める職場だったりした場合、定年直前のサラリーマンであれば、現在の貨幣価値で計算しても年収７〜800万円くらいと算定できます。つまり、早まる２年分を計算すれば、生涯賃金にしてざっと1500万円くらい損をしている計算になります。

　一方で、勤めながら夜学や通信制の大学院に通った場合、有給休暇などを駆使して通学すれば、年収をほぼ減らすことなく、２年間の学費だけの出費で済みます。つまり、定年前の２年間を無駄にすることなく、150万円の学費を出費するだけで、修士が取れる計算になります。

　もちろん、この単純計算は、**①転職せずに定年まで勤められる**、**②有給休暇や余暇を自分の好きなことに使える**、**③それなりの年収と昇給が見込まれること**など、勤め先の待遇や条件に左右されるところはありますが、仮に同じ会社に同じ待遇で勤めるという前提で計算すれば、明らかに働きながら大学院へ行った方が良いという結論に達します。言うまでもなく、大学院修了が新規学卒採用者に有利に働く場合や、この学歴が昇進や昇給が見込まれる場合など、個別に調べないと何ともいえないので、本当に「単純計算」でしかありません。

　稼げるお金だけで人生設計を考えるなんて、実につまらないことですが、お金が無いばかりに損な人生を歩む人も多いのも事実です。無尽蔵にお金が使える人にはどうでもいい話ですが、生活を維持しながらキャリア形成を考えている人にとっては、いかに稼ぎ、いかに支出を抑えるかということを抜きにして、軽々しく進学を検討することなどはできないと思います。

第2章　大学院へ進学する方法、修了する方法

　我が国の高等学校卒業後の教育制度や学位、そして大学院へ進学する方法について、知っているようでもまだよく分からないという人も多いと思います。一部の例外はありますが、ここでは4年制大学を経て大学院へ進学する典型的なケースを解説します。

4年制大学を卒業すると「学士」の学位が得られる

　学校教育法によれば、4年制大学は、4年以上在学し、所定の単位を124単位以上修得すれば卒業できます。4年制大学を卒業した人は、大学から学士の学位を授与されます。

　この「単位」というのは、各大学が独自に設定するポイントのようなもので、15時間〜45時間の授業を1単位として計算し、半年ないし1年間在学して、所定の授業時数に応じて一定の出席をして、試験に合格すると単位が与えられます。

　大学に在学して、この「単位」をコツコツ修得し、要求される分野・授業形態単位数を満たした上で124単位に到達すれば卒業が認定され、同時に学位を授与されます。

　同法に規定されるこの「学士」という学位は、英語では「bachelor（バチェラー）」と表記し、高等教育機関での学修履歴として、世界に通用することになります。

大半の大学院は「修士課程」と「博士課程」である

　大学を卒業すると、学士を授与され、大学院の入学資格を得られます。学士を取得後、最初に行くのが2年制の「修士課程」で、その修了者が次に行くのが3年制の「博士課程」です。英語では、修士を「master（マスター）」、博士を「doctor（ドクター）」というため、学生は学位の頭文字をとって、修士課程1年生のことを「M1」とか、博士課程1年生を「D1」と略して呼ぶことがあります。

　この修士課程と博士課程を合計すると5年ですが、これをひとまとめにしてその5年間を「博士課程」と呼び、最初の2年間を「博士前期課程」、後の3年間を「博士後期課程」と分けて呼ぶところがあります。

　「修士課程」と「博士前期課程」では、「博士」と名前が入っている後者の方が、少

しカッコイイ印象がありますが、結局のところ、どちらも授与されるのは修士の学位ですから、大きな差はありません。したがって、本書では特に区別する必要のない場合は博士前期課程と修士課程、博士後期課程と博士課程をそれぞれ「修士課程」、「博士課程」と表記します。

さて、大学院では4年制大学の授業と同じように、一定数の単位を修得することが要求され、修士課程では30単以上の修得を要求されるのが普通です。

また、博士課程では「修士課程と通算して38単位（→博士課程では8単位だけ）」というところもあれば、博士課程だけで別個に16単位修得せよというところもあります。修士課程から一貫して同じ研究科であれば、博士課程では大半の単位を修得してしまっていることになっているところや、やはり一貫して同じ研究科であっても博士課程は別に単位を修得せよというところもあります。

基本的に、本書で述べているのは、一般的な2年制の「修士課程」と、3年制の「博士課程」です。この他に修士課程と博士課程を合体させた一貫性博士課程、医学・歯学・獣医学・薬学などの6年制の学部の上に存在する博士課程などもあり、一口に「大学院」といっても、学校や研究科によってまちまちです。

大学院の特徴は「指導教授による論文指導と審査の有無」

学士は4年制大学卒業のことを指しますが、医学部・歯学部・獣医学部・薬学部は6年制で普通の4年制大学卒業に加えて修業年限が2年多いカリキュラムが組まれています。

6年制の学部に関しては、修業年限からすれば、学士どころか修士を授与しても良さそうですが、授与される学位はやはり「学士」です。なぜなら、ここには修士課程独自のカリキュラムが無いからです。

現在、4年制大学の学部段階のカリキュラムでは、単位を修得することだけで卒業要件を満たすことができます。大学によっては卒業論文を卒業要件にしているところもありますが、それはあくまで大学の方針によるものであって、法令で定められた規則ではありません。

しかし、修士課程は単位を修得することに加え、「指導教授の論文指導を受けること」と、その「論文指導に基づいた修士論文を提出すること」が要求されます。そしてこの論文は、学術的なルールに則った調査・執筆方法によることなど、各研究分野

で求められる一定の基準を満たしていることが前提です。そしてその前提のもとに、担当教授に「指導される」というプロセスが要求されます。逆にいうと、いかに天才的な論文であったとしても、指導を受けていないのであれば、要件を満たさないのだから、修士の学位は授与されないことになります。もっとも、現実に本当に天才的な論文が書ける人物であれば、指導教授と1時間だけ雑談して、それを「論文指導」と見なすことも、不可能ではありません。したがって、実質的な指導ではなくて、形式的な指導ととらえることもできると思いますが、いずれにしても、大学院は修業年限や単位の問題だけではなく、「学術的なルールの論文」と「それを作成するための指導」という2つのプロセスが必要ということになりますので、単純に修業年限や単位数だけでは測れない事情があるのです。

「博士課程」を終えても、博士が授与されない不思議

　大学は「卒業」、大学院修士課程は「修了」というのが一般的な経歴の表記法です。

　しかし、大学院博士課程を終えた人については、「修了」という人もいれば、「単位修得済退学」とか「単位満了退学」、「単位修得満期退学」という経歴を使う人がいます。これらはいずれも、「修了要件となる単位は修得したけれど、博士論文は提出せずに退学した」という意味で、本来は正式な学歴とは認められないはずですが、時として博士の学位を取得した者と同等に扱われる場合があります。

　これは人文科学系・社会科学系の分野に多く見られますが、単なる退学とは少し違い、「大学院博士課程に在学していながら、博士を授与するレベルの論文が作ることができなかった場合、不合格扱いにするのは経歴に傷がつくから、わざと提出させない」という措置です。提出してもしなくても結局授与できないのなら、提出させない方が経歴に傷がつかないだろうという大学側の配慮です。

　「なぁ～んだ、論文を書かずにリタイヤしてしまったのか」という印象を持つ人も多いと思います。確かに、事情をよく知らない人にとっては、博士の学位を取得できるはずの博士課程に進学したのに、そして単位は一通り修得したのに、実は多くの者が博士に至らないというのは不思議に見えると思います。実は、人文科学・社会科学の分野では、なかなか博士の学位を出さないというのが一般的で、単位を修得していながら博士に至らない人が非常に多いとされています。こうした事情があるため、この満期退学扱いで大学教授として採用されている人は、意外に多いのです。

人文科学や社会科学分野では博士を取りにくく、自然科学系の分野では博士が取りやすいというのは、実はその学問分野特有の性質があります。自然科学系の中でも、博士の授与数が最も多いといわれる医学分野は、医局に所属しながら、病気治療で新しい発見をもとに工夫を試みるだけでも最先端の研究になり得ます。また、漫画家の故・手塚治虫氏は、タニシの「異形精子細胞における膜構造の電子顕微鏡的研究」（奈良県立医科大学、1960年）という論文で医学博士を授与されましたが、こうした自然科学系の研究は、研究対象が多種多様で検証（再現・再検証）が可能であることからも、取得しやすいとされています。

一方で、例えば経済学の分野で、誰もが幸せになるような素晴らしい経済理論を発明して、詳細に論文を書いたとしても、その経済理論が正しいか否かを検証する方法は、少なくとも短期的にはありえません。法律学も、法解釈上で画期的な学説を展開しても、その法解釈が正しいか否かを検証するのは困難です。検証できない以上は仮説のままで、結論に至っていないのに博士という最高位の学位を授与するわけにはいかないというのが実情のようです。

本来のあり方から考えれば、博士課程を退学した者、つまり博士の学位を持っていない者が大学教授になって、大学院で博士課程の学生を教えるというのは、何か矛盾を感じる人も多いと思います。博士を持っていない者が教授となるのも不思議なら、博士論文の指導や審査を行うというのも、確かにおかしな印象を抱きます。こうした反省もあって、近年は人文科学・社会科学系といえども、積極的に博士を授与する大学院が増えていますが、博士を大量生産することも難しいため、博士課程の修了要件を満たしていながら博士を授与されずに退学した者について、我が国では博士と同等に扱うことになっているようです。

大学院には専門職課程もある

近年になって、法曹を養成するための法科大学院や、教職員を養成するための教職大学院をはじめとして、様々な専門職大学院が設立されました。これらは、大学院という名称がついてはいますが、あくまで資格取得につなげるための、職業教育を中心にした大学院です。したがって、同じ「大学院」という名称を有していても、研究活動を行うことを目的とした従来型の修士課程・博士課程とは違います。

一般的な修士課程であれば、修業年限2年間で30単位以上の修得と修士論文の作

成が修了要件となっていますが、例えば法科大学院は修業年限が3年間で93単位以上、教職大学院は修業年限が2年で45単位以上と、単位数によるしばりはあっても、「修士論文」という修了要件はありません。

しかしながら、在学中は専門的な学習と相応の時間を消費することが要求されるため、授与される学位は「専門職学位」という位置づけでありながら、取り扱い上は修士課程の「修士」の学位と同等の価値を持ち、これを有していることで大学院博士課程への入学資格も得ることになります。

ちなみに、専門職大学院には、例えば大宮法科大学院大学のように、夜間に開講されているコースもあります。つまり「働きながら大学院へ行く」という本書の趣旨に合致するため、本来的には本書でも紹介すべき大学院です。しかし専門職大学院は、その名称からわかる通り、修了すれば（資格を取得すれば）一定の職に就けることを目的に進学するところです。本書の「単に大学院を修了するだけでは就職が困難だから、働きながら進学しよう」という趣旨とは合致しないため、割愛させていただきました。

学位を授与するという機能

4年制大学を卒業すると「学士」という学位が授与され、大学院修士課程を修了すると「修士」、大学院博士課程を修了すると「博士」の学位がそれぞれ授与されます。

「学位」とは何かと聞かれると、学歴なのか資格なのかよくわからないものとされますが、大学が授与することのできる、「学修履歴を明確に示すことのできる資格」と解するのが適当ではないかと思います。

ちなみに、高等教育研究の分野では、政府が大学の設置認可（charter）を与えて当該教育機関を統制し、その設置認可を受けた学校の教学を担当する機関（教授会等）が、一定の教育要件を満たした学生に学位（degree）を与え、学位を与えられた学生はその知識や経験を社会に還元し、その社会が政府を作るという循環するシステムがあると説明されています。つまり、このシステムに登場する知識や学習経験を計ることのできるものが学位ということになります。

高校までの中等教育レベルであれば、例えば「偏差値」とか、「大学入試センター試験の成績」のように学力を数値化することができます。しかし、大学などの高等教育レベルになると、何をもって優秀なのか、どうすれば達成したことになるのかが明

確ではありません。同じ大学であっても、学部や教授の教育方針によって、学ぶ内容は異なりますし、単純比較もできません。また、ある大学院で行われていた授業は、別の大学では学部のゼミナールと同じくらいのレベルの授業だったということもあり得ます。

大学へ行ったことがある人はわかると思いますが、科目によって難易度や異なることもあれば、同じ科目であっても担当する教員によって求められる知識や達成度が異なります。

この評価しにくい知識量や達成度に応じて「単位」というものを与え、その単位の集合に対して学位という証明を与えるという理解で正しいと思います。

大学院修士課程の進学フロー

大学院という教育機関の片鱗が見えてきたところで、ここではごく一般的な大学の修士課程へ進学するケースを紹介します。

(1) 入試から入学まで　［研究計画書・学科試験・面接］

大学院の入学資格は、原則として「大学卒業」ですが、学校教育法や同施行規則によって、それ以外の方法も規定されています。

具体的には、大学評価・学位授与機構により学士の学位を授与された者、外国において学校教育における16年の課程を修了した者、外国の学校が行う通信教育を我が国において履修することにより当該国の16年の課程を修了した者、我が国において外国の大学相当として指定した外国の学校の課程（文部科学大臣指定外国大学日本校）を修了した者、指定された専修学校の専門課程（4年制で3400時間以上の授業時数）を修了した者、防衛大学校・海上保安大学校・気象大学校など各省大学校を修了した者、大学院において個別の入学資格審査により認めた者を指します。

研究計画書は修士論文の基本設計図

大学院入学資格を有する者は、修士課程在学中の2年間で作成する修士論文の研究計画書を作成します。大学によっては専用の用紙を渡される場合もあれば、1000字程度のものをワープロで作成せよというのもあります。普通はこの計画書を書く時点で、指導してもらいたい教授を定めておくため、その指導教授の専門とする分野を事

前に調べて、「こういう調査をしたい」とか、「学部時代に抱いたこのような疑問を解決したい」とか、「自分はこのような仮説を持っているがそれが正しいか否かを検証したい」など、具体的に書きます。いくら勉強したいからといって、「日本の経済を良くする方法を考える」とか「自動車産業を支える先端技術について国内全ての工場を調査する」なんて大きすぎる目標を掲げてしまうと、そもそも２年で終えられるはずがないので、「研究に対して背伸びし過ぎ」という印象を与えてしまい、評価は低くなってしまいます。ただ、「日本の経済を良くする方法のひとつとして、ある研究者の唱えた経済理論があり、私はその理論をこのように実践すべきと考えていて、それを検証したい」という感じのものであれば、可能性はあります。研究計画書は設計図のようなものです。経験が乏しいのに高層ビルを設計するようなことを考えず、まずはしっかりとした小さな家を建てるつもりで、計画書を作成するべきだと思います。

筆記試験はいざという時に分量を稼げるかどうかも見る

　学科試験は、外国語と専門科目で構成されるケースが多く見られます。外国語の試験では辞書を持参して英語の長文を和訳しろとか、専門科目なら言葉や理論について1000字程度で記述せよというものが多いようです。ある大学教授に大学院入試の学科試験の出題趣旨や採点基準を聞いたことがありますが、その教授は「切羽詰まったときに死ぬ気で文章を書けるかを試している」と述べていました。要するに、入学して１年半後には、修士論文という成果物を書かなければなりませんが、「相応の量を書いて、とにかくまとまった分量にするだけの気力があるか」を見ると言っていました。確かに、修士論文をまとまった量にするには、外国語の文献を和訳して引用するというのはひとつのテクニックだし、内容は少しばかり稚拙でも、分量さえ多ければ努力賞として修士論文として認めるだけの評価を与えることも可能です。表現はあまりよくありませんが、「そこそこのレベルの50ページ論文」よりも、「外国文献と大量の先行研究を掲載した100ページ論文」の方が、ボーダーライン上では合格させやすいのです。つまり、「いざという時にはどうにかして字数やページ数を稼げる人」が有利ということです。ということは、極論になりそうですが、大学院の入試では「外国語がそれなりにできて、専門科目では答案用紙を真っ黒にするくらいたくさん書ける人が有利」ということになります。（もちろん、相応の知識と表現力を身につ

けるのが前提なのは言うまでもありません）

禁止されていなければパフォーマンスも可

　面接試験は、口述試験とも言われ、研究計画書や試験の内容、今後どのように勉強していくかについて問われます。無難なアドバイスとしては、「きちんと勉強して何を聞かれても回答できるようにしよう」とか、「指導教授の論文を読んでおこう」というところですが、面接試験はあなたのプレゼンテーション能力を見られるところです。つまり、人前で自分の言いたいことをうまく説明して、相手を納得させるという能力が必要なのです。

　大学院の入試要項に「面接試験の際には持ち込み禁止」などと特に書かれていなければ、過去に自分が作成した物（仕事で作成した報告書とか、日々書いているブログ記事のプリントアウト、海外を視察して回ったときの写真）を持参して、それを手にしながら、面接官となる教授に示しても構わないのです。さすがに面接試験でプロジェクターやパワーポイントを利用することはできないでしょうが、文献を手にして「私はこういうものを作ってきたが……」と、身ぶり手ぶりを交えて説明すれば、少なくとも面接官は「一定の文書作成能力を有し、かつ表現力も認められる」という印象を持つはずです。大学院は、論文を書くだけではなく、プレゼンテーションをすることも要求される場所なので、決して悪くない方法だと思います。

（2）大学院生活　［単位修得・研究発表］

　通学を要する大学院では、授業に出席して試験を受けたり、レポートを提出したりして単位を修得します。この部分については4年制大学と何ら変わりませんが、講義が中心の学部時代よりも、演習（ゼミナール）が中心になるところが多いようです。

　通信制の大学院では、放送授業・通信授業を通して勉強し、試験やレポートで単位を修得します。最近では、インターネットの技術を利用して授業を行うところもあり、メールやFAXなど、多様なメディアを用いて授業を行うところもあります。

　大学院によっては、研究発表や実践的な授業が行われることもあり、教授が何らかの課題を提示して、その課題に沿って発表を行うケース、学会などで小規模な発表を行うケースなどがあります。

(3) 論文執筆から修了まで ［研究指導・論文の提出・面接試験］

　通学制であれば日々の授業、通信制であれば面接授業（スクーリング）やインターネットや電話などのメディアを通して、指導教授による研究指導が行われます。

「目次作成型」と「いきなり執筆型」

　論文のごく一般的な書き方は、まず目次を作成して、その目次を執筆計画のようにして順次書いていき、同時に調査をしたり、文献を用意して使えそうな部分をコピーしたり、付箋を貼ったりという作業を行います。

　目次を作って計画的に書くという作り方をする人がいる一方で、とにかく頭に浮かんだことをパソコンに入力しまくって、それを後で編集し、その編集の過程で必要になった調査を行ったり、必要な文献を用意してきたりする人もいます。

　文章というものは人によって書き方も違うし、書く順番も違います。内容も違えば、この方法を使えば必ず良いというものでもありません。結局、いかなる方法を取ったとしても、最終的に学術的なルールに則って、まとまった形になっていれば構わないので、みなさんにとって書きやすい方法を模索していくのが一番です。

　ただ、研究指導を行う教授の立場にしてみれば、やはり目次（＝事実上の執筆計画書）を作成した上で執筆して行った方が、進行状況を把握するのに便利だし、論文として充たされていることと不足していることが一目でわかります。指導教授は、学生がなるべく早く、それも規定の修業年限のうちに論文を作成することを願っている訳ですから、往々にして教授の言う通りにやっておけば何とかなるはずです。

　参考までに、私が「論文」を執筆する時の方法を申し上げると、その論文で説明したい内容をA4の用紙（1200字）で2枚くらいにまとめて書いてしまいます。

　「こういう疑問があって、その疑問を解決するためにこういう方法で調べてみて、こんな文献を見てみたところ、どうやらこういうことらしいことがわかり、結論としてこう思った」という感じです。

大学独自の提出方法には気をつける

　さて、指導教授の下で完成した修士論文は、基本的には合格点を得られたものと考えても良いと思います。あとはその論文を提出し、口述試験を受けるだけです。

　論文は、印刷所に依頼して製本して提出することを求められる場合もあれば、穴を

あけて紐で綴じろと指示されることもあります。簡易製本で良い場合もあれば、最近だったらPDFファイルでEメールに添付して送れという大学もあると思います。

　提出方法はその大学院の伝統や事務の都合によりますが、私の知っているケースでは、提出期限ギリギリになってやっと出来上がり、提出する当日になって「製本して提出せよ」なんていう規定を知ったという、笑えない話があります。この学生は、担当の先生に頭を下げまくって、後で差し替えて、何とか修了させてもらったそうです。

　製本するか否かというのは大きな事項なので事前に知っている人も多い規定ですが、「1ページは40字×30行で書け」と指定されているのを勘違いして「30字×40行で書いていた」とか、「よく数えてみたら29行だった」なんて話はよく聞きます。

面接試験は本人確認と質疑に対する適切な応答
　修士論文が規定の期日までに提出されると、通常はその後に面接試験が課されます。

　書き上がった修士論文について、本当に本人が書いたのかどうかを確認する作業と、その論文に対してなされた質問・疑問に対し、適切に答えられるかどうかを見ます。

　本人確認については、他人に書いてもらったとか、まるきり盗作だった場合を想定して、「書いた本人であれば容易に回答できる質問」をされます。また、ある主題に関して修士論文を書き上げたということは、その分野においては相応の専門家となっているはずですから、「その分野の専門家として適切な回答ができるかどうか」を審査されます。

　この段階に来て不合格になることはほとんど無いため、そつなくこなせば無事に修了ということになります。

学ぶ者にはエンジェルが舞い降りる

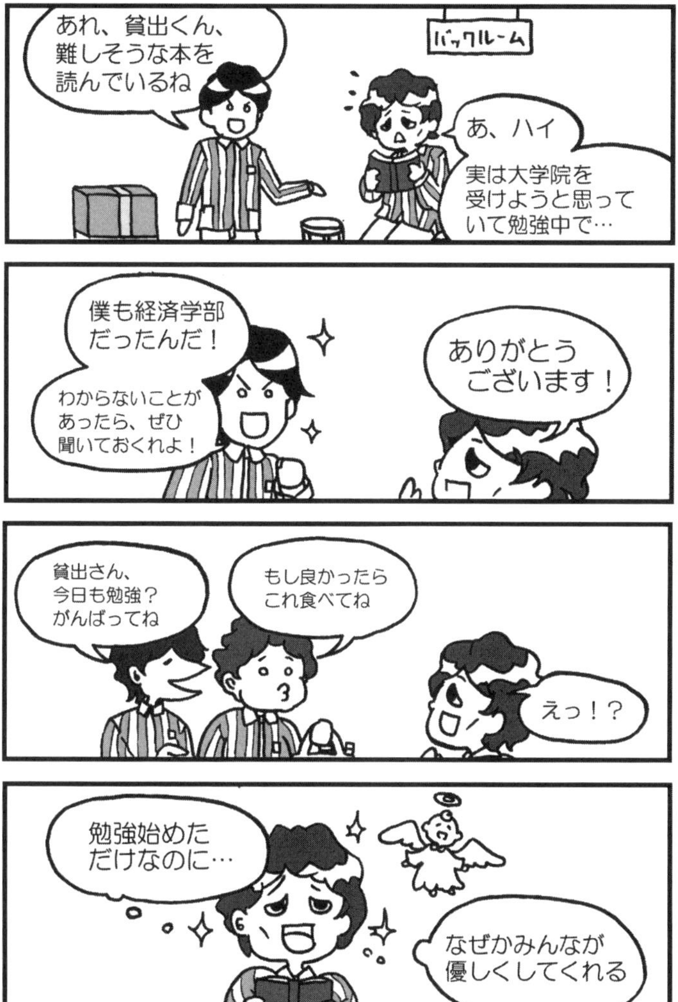

©氏ムシメ

第2章　大学院へ進学する方法、修了する方法

社会人の大学院進学に使えそうなウェブサイト1

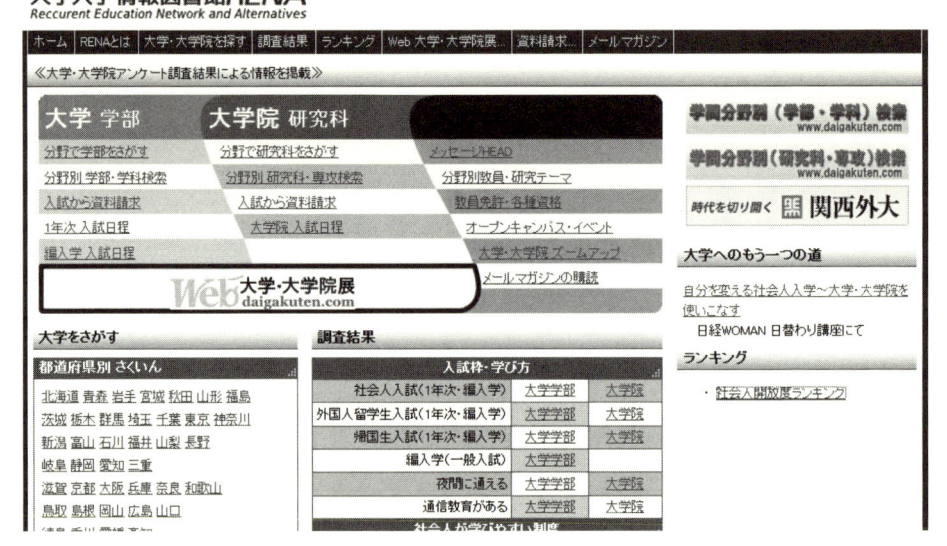

『大学入学情報図書館RENA』
http://www.rena.gr.jp/

社会人入学・編入学情報のパイオニアとされる再教育ネットワーク（Recurrent Education Network and Alternatives）のウェブサイト。1980年代から活動を始めた団体で、知名度も高い。

第3章　大学卒業資格が無い人のための大学院進学

中卒でも大学院へ行ける時代は確かに到来した

　2007年3月、埼玉県在住の宇都宮明さんは、82歳で入学した聖大学大学院を84歳で修了し、修士の学位を授与されました。※

　この宇都宮さんは、大学院へ入学する前までの最終学歴が「尋常高等小学校卒」でした。今の制度の学齢に直すと中学2年生までの教育しか受けていないことになります。もちろん、高等学校を卒業していないのですから大学入学資格すらありません。そんな宇都宮さんが、なぜ大学院に入学できたのでしょうか。

　聖大学大学院の修士課程は、他の大学と同様に、大学院の入学資格を「大学を卒業した者」や「学士を有する者」としていますが、この他に「個別の入学資格審査」と呼ばれる、大学独自の入学資格判定制度を持っていて、この宇都宮さんについては、彼の職歴（警察官・副検事・簡易裁判所判事を歴任）を大学卒業相当ととらえて入学資格（＝受験資格）を与えたのです。

　一般に、我が国の教育制度を利用しようと思ったら、多くの場合、その一つ前の段階の学校を卒業・修了するというのが原則となっています。具体的には、高校へ入学するには中学卒業資格、大学や専門学校へ入学するには高校卒業資格、そして大学院へ入学するには大卒資格といったものがあります。

　しかし、これらはあくまで「原則」であって、宇都宮明さんについてはその例外を活用した形になっています。だから、今の学齢でいえばせいぜい中学卒レベルの学歴しか持っていないのに、高校の3年間も、大学の4年間もすっ飛ばして、「大学を卒業した者と同等の能力のある者」として判断されて大学院に入学できたのです。

　こんなものすごいショートカットができる「個別の入学資格」という制度を持つのはどこの大学院なのでしょうか。

※朝日新聞2007年3月18日

大学院の入学資格とは……
大学院
4年制大学を卒業した者が普通じゃが、他にもいろいろあるのじゃ
短大や専門学校卒の者なら…
単位を修得して積み上げると、学士を取得できる「大学評価・学位授与機構」がある
あと、4年制の専門学校なら、大学でなくても入学資格になる
専
大
さらに、職業経験や特殊な能力を持っている人に至っては……
学歴とは関係なく大学院入学が可能じゃ
中
高
ただ、入学できても授業についていけて、修士論文が書けるかどうかが問題じゃ
だから、大学は出ていた方が良いぞ…
書けないよー
XP

東大・京大を筆頭に多くの大学院に存在する

　インターネットや各大学の入試要項の情報を頼りに調べてみると、「個別の入学資格審査」という規定を持つ大学院はとても多く存在します。きちんとカウントしたわけではありませんが、私がざっと見た印象でいうと、9割以上と言ってもよいくらい存在すると思われます。

　中でも、東京大学・京都大学など、国立大学を代表するクラスの大学院にもこの規定があるため、外観上は中卒だろうと高卒だろうと、大学を卒業した者として相応の経歴や職歴を有するのであれば、受験することくらいはできそうです。

　ただし、もともとこの制度は、日本の学歴としては認められない、大学レベルの教育機関を卒業した人などを対象にしたものです。例えば無認可のインターナショナルスクール（朝鮮大学校等）や芸能関係の学校（宝塚音楽学校、吉本NSC）を学歴として評価する場合や、先述した宇都宮さんのように高度な知識や経験を必要とする職業に就いていた人など、極めて特殊な場合の例外として扱われることが多いようです。最近では、元東京読売ジャイアンツの投手だった桑田真澄さんが、プロ野球やメジャーリーグ経験を評価され、大卒資格を得ずに早稲田大学大学院に入学したことが報じられています。

専門学校修了者が職歴と併せて入学を許可される場合も多い

　大卒資格がなくても大学院入学資格を認められる人というのが、極めて稀な経歴を持っている人という印象が多い反面、近年は専門学校出身の医療従事者等が、その学歴に加え、国家資格や職歴を併せて、「大卒相当」として評価されて大学院へ進学するケースが目立っています。

　具体的には、看護師、理学療法士、作業療法士といった有資格者などに多く見られ、例えば看護系大学院では入試要項に「看護師の国家資格を有し、かつ実務経験を3年以上有し、大学卒業と認められる者」といった感じで明示されていることがあります。現在、大半の看護師は、高校卒業後に3年制の看護学校（レギュラーコース）と准看護師の資格を取得して2年制の看護学校（進学コース）をそれぞれ卒業した人です。この5年くらいの間に、4年制大学の看護学部などを卒業した人たちが増えてきてはいますが、それでも大多数は3年か2年課程の出身者です。大学出身と専門学校出身の看護師を比較すると、修業年限が1年ないし2年、修得単位数にして31な

いし62単位の差です。単なる中卒や高卒とは違い、この程度の差であれば、そして看護師としての職務経験が3年もあれば大卒と同等と見なせると考える大学院が多いようです。

「今後は看護師の養成課程を4年制にすべきだ」とする業界の動きもあって、4年制の看護大学の新規設置が増え、それとともに看護教員の増員が不可欠になっていますが、現行の養成課程が3年ないし2年課程が中心だった看護師に、より高度な教育を受けさせて、大学の看護教員を育成するためには、やはり大学院へ進学させることが必須の条件となります。大学設置基準などによれば、大学の教員は必ずしも大学院を修了している必要はありません。しかし、大学院を修了していることに超したこともありません。

そこで、看護師資格を持ち、一定の実務経験のある人であれば、学士の有無にこだわらず、大学卒業者と同等と判定し、実際に多くの大学院では入学資格として認めるケースが増えています。

もっとも、入学資格が認められるとはいえ、あくまでそれは「大学院を受験できる」だけの話で、入学が確約された「大学院入学資格」ではありませんから、いきなり大学院という選択よりも、地道に大学卒業を狙う人も多いようです。

ぼくは高校受験に失敗した中卒の25歳です フム……	例えば放送大学 あそこなら高卒資格なしでも入学できて順当に行けば4年半で卒業できるのじゃ
私は高校へ行ったけど、2年生の時に中退しました30歳です	でもそれじゃ、大卒までで私は35歳になっちゃいます！
でも、私たちは今すぐ大学院へ行って学歴を手に入れたいんです！	じゃから、放送大学なら本気で取り組めば、2年で124単位修得もできるし、実際に取る人はいくらでもおるぞ！通信制じゃから、負担も少なかろう？
まあ、大学院進学を目標にするのは悪くないが、まずは大学を目指した方が良いぞ	2年で124単位取れば大学卒業と同等と認められやすいじゃろ？ しかし、大学院入試はまた別の話じゃから甘くはないぞ…… ハイ…

©氏ムシメ

大学院へ行くならやはり学士を取得せよ

　大学院への進学は、「必ずしも大卒資格を要しない」と述べたそばから学士を取得せよというのは矛盾するかもしれませんが、私は可能な限り、大学を卒業して学士を取得した上で大学院へ進学すべきだと思っています。

　本書では、第5章から11章で、大学院へ進学した私たち著者の大学院生活における苦悩を詳述していますが、大学院生活において、最も苦労を伴う作業はやはり「論文」です。修士課程であれば修士論文、博士課程であれば博士論文で、修士論文であれば数十ページのものから、百ページを超えるくらいのものを、仕上げなければなりません。大学院によっては、学位論文を提出する前提として、研究会や学会での発表があるところも多く、博士論文に至っては学会誌への投稿や紀要への寄稿など、形を変えて数本の論文作成を求められることもあります。

　ところが、一般に大学を卒業していない人は、こうした学術的な論文を作成する機会が、ほとんどありません。最近では卒業論文を課さない大学も多くなってきているため、大学へ行けば解決できると断言できるものではありませんが、それでも4年制大学を卒業するには、通常は論文やレポートの類を作成する機会があります。

　学術的な論文は、研究や調査内容を表す「題名」、その研究や調査内容を一目で確認できる「目次」、内容を完結に説明した「要旨」、そして「本文」で構成されています。本文では先行研究を示し、参考文献の引用箇所を明確にして脚注を入れるといった基本的な形式が重視されます。これは実際に論文を書くという経験を積まないと身につかない能力ですから、学部はどこでもいいので、4年制大学を卒業し、学士の学位くらいは取っておくべきだと思います。

通信制大学を利用すれば格安で学士が手に入れられる

　平成11年（1999年）よりも前は、大学へ3年次編入学できる者といえば、短期大学卒業者か高等専門学校卒業者、または大学に2年以上在学して62単位以上修得した者しか認められていませんでした。ところが、同年に学校教育法や同施行規則の一部が改正され、専門学校を修了した人も大学の3年次に編入学できることになったため、専門学校を修了することは、すなわち大学の2年次までを終えた者と同等の扱いを受けることができるようになりました。

　しかし、いくら「編入学できる資格」を持っていても、一般の大学の3年次に編入

するためには、それなりに定員が確保されていて、かつ編入学試験に合格する必要があります。そのため、法改正がなされた当時は、専門学校修了者の編入学という制度はあまり活用されていませんでした。ところが、多くの通信制大学がビジネスチャンスとばかりに編入希望者を広く受け入れ、書類選考のみで、学力試験による選抜を行わず、入学希望者全員を3年次に編入させる大学が増加しました。

ちなみに、専門学校というのは、「専修学校」という学校カテゴリの中にある「専門課程」の別名です。この専門学校の中で、大学への3年次編入が認められるのは、「修業年限が2年以上」で、かつ「総授業時数が1700時間以上」を満たすところのみです。わざわざ「専門学校のうち2年以上で1700時間」と記すということは、逆にいえば2年未満、1700時間未満の専門学校も存在するということです。具体例としては、1年半で調理師免許を取得するコースなどがありますが、この場合、学校が発行する修了証などで「専門学校修了」の学歴は得られるものの、大学3年次編入資格としては全く意味をなしません。

大学評価・学位授与機構を活用すれば、最短半年で学士の申請ができる

近年、「大学を卒業すること」以外の大卒資格取得法として注目を受けているものに、大学評価・学位授与機構を利用する方法があります。

設置から20年が経過した大学評価・学位授与機構は、なぜか一般の人々には知られていません。高等教育の世界では、「大学評価」という名称の通り、大学の認証評価制度を担う独立行政法人としての方が有名ですが、実は平成3年（1991年）に設置したときは、文部省（当時）の「学位授与機構」という名称で、自らは教育機関を持たないけれど学位を授与することのできる国内唯一の機関として発足したものです。

これは、簡単にいえば、大学を卒業したものと同等の教育を受けた者に対し、申請に応じて学位を

大学評価・学位授与機構（東京都小平市）

授与するという機能を持っています。具体的には、各省庁の有する大学校の中で、「大学レベルの教育を行う大学校の卒業者に対し、学士・修士・博士の学位を授与」するほか、「短大卒業者や専門学校修了者等が大学卒業者との差を埋めることができれば、学士の学位を授与する」という事業を行っています。

現在、学位授与機構が授与する学士の専攻区分は50を超え、文学・経済学・法学といった文系のものから、工学・理学・保健衛生学・看護学など、あらゆる分野を網羅しています。

この学位を取得するためには、2年制の短大や専門学校を卒業した人が、一般に大学で卒業要件とされる124単位のうち62単位を既に修得したと見なした上で、大学等で新たに62単位の単位を修得します。すると合計124単位を満たしたことになるので、卒業要件となる単位を満たしたことになり、その上で学修成果（学術的様式に従って書いたレポート）を提出し、試験に合格すれば学士が授与されます。3年制の短大や専門学校を卒業した人であれば、93単位を修得している者として新たに31単位を修得し、同様に学修成果を提出します。大学に2年以上在学し、62単位以上修得している人は、その修得済みの単位と合わせて合計124単位を修得すれば要件を満たしますので、やはり学修成果を提出します。

大学評価・学位授与機構の学士は法的に「大学卒業」である

本書の著者のうち、学位授与機構の学士を持つのは、私と稲垣諭さん、木村知洋さん、そして長沼貴美さんです。私と稲垣さんと木村さんは、それ以外に大学を卒業していますので、大学院進学に使える大卒資格なのかが心配な人もいるかと思いますが、長沼さんに関しては、彼女が持っている唯一の学士がこの学位授与機構の学士（看護学）で、それを受験資格（大学院入学資格）として大学院へ進学したことからも、当然に大卒として十分に通用することがわかります。

学位授与機構の学士は、「大学」を「卒業」するというプロセスを経る訳ではないので、「大卒資格と同じではない」という意見も一部あります。しかし、そうした意見は我が国の法制度に照らし合わせて見れば誤りです。根拠となる法律・条文が存在した上で、法的に「大卒資格と相当」とされるものを、一般的な意見や態様で解釈を変えることは正しくありません。

なお、学位授与機構について、特に学士（看護学）の取得法については、拙著『短

大・専門学校卒ナースが簡単に看護大学卒になれる本』（エール出版社）があります
ので、参考にしてください。

中卒・高校中退の人は放送大学への入学が無難
　短大や専門学校は、「大学に編入ができる」という意味では事実上、大学教育の一部と捉えることができると思います。したがって、短大卒業者、専門学校修了者はそれなりに大学教育の一部に触れてきたことになりますから、大学の3年次に編入できれば、勉強し慣れているという意味では経験者です。
　一方で、中学卒業者、高校中退者、高校卒業者の皆さんは、大学教育に触れたこともないし、まるで未知の領域なので、どんな高度なことをやるのか、ものすごく心配な方もいると思います。それでも高校を卒業した人にとっては、大学入学資格がありますが、中卒や高校中退という人に至っては、大学に入学することさえ許されません。しかし、そんな人であっても、いきなり大学に入学し、そのまま一気に卒業してしまう方法があるのです。もちろん、大学を卒業すれば、大学院入学資格もあるのですから、閉ざされていたはずの道が開けることになります。
　それは通信制大学が持っている一般に「特修生」と呼ばれる制度です。
　特修生は、本章の冒頭で紹介した、学歴が無くても大学院へ入学させてしまうことのできる、あの「個別の資格審査」という制度の、大学入学資格版です。
　多くの大学院が「個別の資格審査」で、特別に大学院入学を認める制度を持っているように、実は多くの大学も同様のシステムを持っています。ただし、大学入学資格については、受験を希望する多くの人はこれといって大学が認めるような職歴がありませんので、この制度を利用する人は多くありません。
　ところが、通信制大学については、まずは「仮に入学」して、とりあえず「その大学の科目を何科目か受講」してみて、「所定の単位を修得」できたら、「正式に入学を許可」するという制度があるのです。これも別に非合法とか、インチキというものではなく、学校教育法や大学通信教育設置基準、そして文部省事務次官通達といった各種法令できちんと認められた正規の制度です。
　この「特修生」という制度を有する通信制の大学は、日本に20校以上ありますが、その中で無難なのが放送大学です。満15歳以上で入学できて、所定の単位を16単位修得するだけでその大学の入学資格を得られ、正規入学後はその約16単位を含

めて計124単位を修得すれば卒業できるのです。卒業すれば学士（教養）を授与され、大学院入学資格も得られます。

　このシステムについて、詳細は拙著『中卒・中退・不登校 誰でもイキナリ大学生』（オクムラ書店）に詳しく掲載してありますので、参考にしてください。

第4章　いかに安く、楽をして、合理的に大学院へ行くか

　まずは費用の話です。文系の4年制大学なら、国公立で年70万円、私立なら年100〜120万円くらいを授業料として考えるのが一般的です。この金額を4倍して、入学金相当額を足した金額が授業料です。つまり、大学卒業は国公立で3〜400万円くらい、私立で4〜500万円くらいが必要となります。

　同様に、それが大学院になると、少し安くなって国公立で年50万円、私立で年70〜100万円くらいです。一般的な修士課程は修業年限が2年ですから、この金額を2倍すれば総額が算出できます。もちろん、1年で200万円くらいかかる大学院もあるし、授業料以外に様々な費用を求められるところもあります。

　本書のコンセプトは、働いている社会人がいかに安く、必要の無い苦労はせず、生活を犠牲にすることなく大学院へ行くかを考えることですので、なるべくその路線で検討してみたいと思います。つまり、学位は1個いくらなのか、そしてどこまで手を抜くことができるのかということです。もちろん、学位を「1個」などと数えると不謹慎に思われるかもしれませんが、費用や手間を中心に考えるとすれば、もはや「いかに安くて価値のあるものを買うか」というレベルで検討しなければならないと思います。

放送大学なら修士1個50万円

　まず、私の知る限り、最も安くて、社会人が利用しやすいカリキュラムを持つ修士課程は放送大学と思われます。その理由は以下の通りです。

(1) 30単位のうち22単位は放送授業と試験で修得できる

　一般的な通学課程の修士課程では、「日々の授業に出席する」ことと「演習科目であれば課題に沿って研究・発表する」ことが課せられます。もちろん、研究・発表という作業は、一般には関連する文献を読み込んで、レジュメ（要約文）等を作成し、当該事項について説明するという段階を踏み、必要に応じて質疑応答を行います。もちろん、これは持ち回りなので、人数の多いゼミでは年1回で済む時もあるし、学生が2〜3人の授業であれば、月に1回ペースで発表者になる場合もあります。発表者でない場合は、質問する立場になることもあるし、毎週の授業で課題レポートを課す

授業があるかもしれません。つまり、ものすごく負担が大きいことになります。

　放送大学に関しては、この工程について、テレビやラジオの放送を視聴して、通信指導（レポート）を提出して、試験を受けるという形で代用します。つまり、「視聴」・「通信指導」・「試験」により、わずか半年で2単位が修得できるのです。

　もちろん、一般的な大学院で行われる授業を、「視聴」・「通信指導」・「試験」で代用するのですから、決して楽ではありませんし、仮に楽だと感じるのであれば、苦労をしていない分、学習効果は薄いということでもあります。

　しかしながら、自分の都合の良い時に、自分自身で必要だと思うだけ学習に没頭すれば良いというのは大変なメリットなので、自ら学習する意欲のある人にとっては、極めて有効なカリキュラムといえるでしょう。

(2) 入学前に22単位を修得することも可能

　放送大学大学院は、修士の取得できる課程の学生を「修士全科生」といいますが、ここに入学する前に、「修士選科生」（1年間）や「修士科目生」（6か月間）という、学生種別に属することができます。この学生種別で修得した単位は、後で修士全科生へ入学した時に、修了要件単位として認めてもらえるため、要件を満たす22単位を事前に修得している人ならば、修士全科生へ入学すれば、修士全科生としての2年間は「研究指導」（8単位）だけを履修して、修士論文にのみ打ち込めば良いということになります。

(3) 費用は最も安いケースで49万2千円

　平成24年度の学費は以下の通りとなっています。

学生の種類	入学検定料	入学料	授業料	研究指導料
修士全科生	30,000円	44,000円	1単位あたり 11,000円	1年間につき 88,000円
修士選科生	なし	16,000円	1単位あたり 11,000円	なし
修士科目生	なし	12,000円	1単位あたり 11,000円	なし

　例えば「生活健康科学プログラム」の修士全科生へ入学すると、入学検定料3万

円、入学料4万4千円、授業料22単位分で24万2千円、そして2年分の研究指導料（8単位）17万6千円で合計49万2千円となります。

　もしみなさんが、きっちり2年間で22単位を修得し、かつ研究指導を受けて8単位を修得して修了に至るのであれば、教材費を含めて大学から請求される金額はこの49万2千円です。

　この他に必要な費用は、交通費・通信費といった諸経費と、自分で必要と思って購入した書籍代などです。

大学院は交渉次第で何とかなる場合もある

　さて、「最も安い」という基準を立てると、放送大学がリーズナブルなのは明白です。なぜここまで安く設定できたのでしょうか。

　飲食店に例えれば、放送大学は規定のメニューを取り揃えている、ファミリーレストランといっても良いと思います。規定のメニューだからこそ格安で、多くの種類が存在するのです。

　一方で、お客のわがままを可能な限り聞いてくれる、高級レストランのような大学院もあります。よくあるのは、社会人学生の都合に合わせて、柔軟に時間割を変更するといった配慮です。本来は平日の昼間に通学しなければならないところを、夜間に開講してくれるとか、毎週1回の授業を夏休み期間中に合宿形式で集中的に行うとか、2年間の学費で3年まで在籍して良いなどです。

　場合によってはインターネット上のやり取りだけで、大半の指導を行ってくれる教授などもいるようですが、ここまで来ると大学院の方針というよりも、指導教授の裁量や対応によるところが大きいので、決してあまり多くを望むことはできませんが、少人数のゼミであればその可能性は高いでしょう。

　ちなみに私の友人で、上場企業に勤めながら社会人学生として国立大学の博士課程に在学して、在学中は7回しか学校に行かなかったという強者もいます。ただしそれは学校そのものへ行った回数のことであって、指導教授とは密に連絡をとって、喫茶店での面会や学会への出席、電話やメールでのやり取りなど、授業と見なせる範囲の指導は受けていたようで、無事に博士を授与されました。

入学したら論文の完成を目指してオタク道を突き進め！

　費用や社会人に対する配慮を調べていくと、結局のところ、どこを選べば良いのかがわからなくなってくる人も多いと思います。なぜなら、大学院は学費が安ければいいとか、配慮してくれれば良い論文が書けるというものではないからです。

　実は、最も必要なのが教授との相性です。この「相性」は、単に仲良くなれるかという意味もありますが、実は「自分にとって必要な教授の専門知識」のことです。

　そもそも大学の研究というのは、「要求される形」はあっても、「要求される正解」はありません。「要求される形」というのは表記方法のことで、「要求される正解」というのは、模範解答のことです。

　そもそも学術的な論文は、その論文作成時における最新の情報や考え方を記すものです。「先行研究」という名の過去の情報をもとに、学生が指導教授の助けを受けながら、その時点で最新・最良と思われるものを記していくものなのです。その「最新」の論文に、表記方法という「形」はあっても、「模範解答」はあり得ないのです。

　すると、論文を書くために何を求められるかといえば、その分野における、あなたの研究者としてのセンスなのです。これをもっと分かりやすく言うと、「オタク道」ともいえるでしょう。

　ポイントやマイレージが好きな人であれば、いろんなお店が出しているポイントカードやマイレージシステムを類型化して諸外国の事情を盛り込みつつ、先行研究をふまえて今後どうあるべきかを論ずるだけで立派な経営学・経済学論文となります。

　インターネットで動画を見るのが好きな人なら、動画サイトの類型化と使われているプログラムや仕様、著作権侵害に対する対応状況を調べて論ずれば、情報学やメディア論、知的財産法の論文として成立します。

　夏目漱石の作品が好きな人なら、諸外国での日本文学がどのような評価を受けているとか、各国の書籍販売サイトでどういう風に売られ、どんなレビューがついているかなどを調べるだけで比較文化とか国文学の論文が書けるのではないかと思います。

　つまり、どのような趣味であっても、いかに社会的に低俗とされる分野であっても、あなたが心から興味を持っているものであって、「要求される形」で論ずれば、それは全て修士論文になり得ます。

　もちろん、その論文のテーマは、あなたの指導教授が指導できる範囲内であることが前提です。

アー
カー
なにを調べて
いるのかね？
カラスの生態と
都市環境の変化について
リポートしています
へえ～…
そんなことでも
ネタになるんだね
©氏ムシメ

経済学部出身のぼくは、
大学院でどんな研究をすれば
いいんでしょうか？
ウム
ちょっと待て
「貧乏」というのは強力な
専門知識じゃぞ！
一般的には世界の金融とか
日本の企業の国際化とか
カネの動きについて
研究するなどじゃな……
$
TOPIX
¥
円
世界にはいろんな貧困
があるし、日本においても
深刻な格差で苦しむ者は多い
自殺や犯罪の問題だって、
結局は経済の
問題に通じるもの
なのじゃから……
ただし「経済学」の分野には
いろんなカネの動きがある
国や地方の財政、産業界なら
医療でも携帯電話業界でも、
ようするに何でもアリじゃ
ハア…
オマエはフリーターで、
ワーキングプアの当事者
貧困問題の専門家として
十分な素質があるぞ！
ぼくって
そんなに専門家？
だけど、ボクにはこれといって
専門知識がないんですけど……
それに貧乏で、ワーキングプアだし
本を買う金も無くて……
これって
ほめてるの？
祝！ビンボー学生専門家
もちろんじゃ
考え方の貧しい
ところは特にな

第5章　某メガバンク行員がMBAを取り、教育学を学んでみる

稲垣諭（いながきさとし）
某メガバンク行員

1990年	神戸大学経済学部経済学科卒業　経済学士
2006年	産能大学（現産業能率大学）経営情報学部経営情報学科（通信教育課程）卒業
2006年	大学評価・学位授与機構　学士（文学）取得
2007年	大学評価・学位授与機構　学士（経営学）取得
2007年	大学評価・学位授与機構　学士（教育学）取得
2008年	大学評価・学位授与機構　学士（商学）取得
2008年	**産業能率大学大学院経営情報学研究科経営情報学専攻（MBAコース）修了**　　　　　　　　　　　　　　　　　　　　　　修士（経営情報学）
2008年	大学評価・学位授与機構　学士（社会科学）取得
2009年	大学評価・学位授与機構　学士（社会学）取得
2009年	大学評価・学位授与機構　学士（学芸）取得
2010年	大学評価・学位授与機構　学士（教養）取得
2010年	**明星大学大学院人文学研究科教育学専攻（通信教育課程）修了**　　　　　　　　　　　　　　　　　　　　　　　　修士（教育学）
2010年	大学評価・学位授与機構　学士（経済学）取得
2012年	**武蔵野大学大学院通信教育部人間学研究科人間学専攻　修了見込**

一介のサラリーマンである私がこのような形で執筆するなど、大変おこがましいことだと思っています。私は、ベンチャー企業のオーナーでもなければ、エリート社員でもありません。ただ、夜間の社会人大学院を修了し、現在も通信制の大学院に在籍しているだけの銀行員です。

　とはいえ、末端ながらも銀行員として働いている以上、会社から派遣されないかぎり「仕事と学業の両立」はかなり困難なものとなります。みなさんも、仕事において責任のある立場にあれば、同じような問題に悩まされることと思います。しかし、そんな状況でも、やろうと思えば大学院に行くことが可能で、そして、その一歩を踏み出せば、今までの日常生活では到底ありえないような出会いや、経験ができることを書いていきたいと思います。

地元の府立高校から地元の国立大学へ

　私は大阪の府立高校を卒業し、自宅から通学できる神戸大学経済学部へ進学しました。本当は法学部を志望していたのですが、共通一次試験（現在のセンター試験みたいなもの）で不本意な点数を取ってしまい、最も合格可能性が高いという理由だけで経済学部を受験しました。結果的には「補欠」で合格し、私の大学生活がスタートします。

　法学部を志望していたのですから、ここで一念発起して弁護士でも目指すところなのですが、そんな余裕は全くありませんでした。何故なら私は数学が大の苦手科目で、経済学の授業についていけず、常に留年と隣り合わせの学生生活を送っていたからです。

　恥ずかしながら、卒業に必要な単位を揃えるだけで精一杯で、経済学に関する成績の半分以上が「可」。また、数少ない「優」の評価も、自分が所属しているゼミに関するものだけといった状況でした。このことからわかっていただける通り、お世辞にも優秀とはいえない学生でした。

　しかし、私が大学を卒業した頃はバブル景気のピーク。就職活動においては超売手市場となっており、成績不問で内定が決まっていきました。経済学部で金融論を専攻していたことから、最初に内定をもらった某都市銀行に入行しました。

多忙な銀行員生活で産業能率大学の通信教育に出会う

　入行してから、私は銀行員として一通りの仕事を経験しました。

　実にさまざまな仕事をこなしてきたつもりですが、その中で最も大変だったのは「統合」です。私が入行した当時13行あった都市銀行は、4つのメガバンクに統合していきました。その統合のさなか、私は本部の統合に向けたプロジェクトチームに所属し、システムや手続の整備に従事していました。時間の限られたプロジェクトでしたので、かなりハードな生活を送っていました。精神的にも肉体的にも疲弊し、自分自身を見失いそうになっていた時、偶然、雑誌の広告で産業能率大学の通信教育課程に「産業心理コース」があることを知り、強い興味を覚えました。というのも、心理学を学習することで、仕事に対するモチベーションアップの方法を自分なりに分析してみたくなったのです。ただ、通信制とはいえ、多忙な日々の中で、本当に大学の授業についていけるのか心配だったので、入学説明会に参加して不安な点について、確認してみることにしました。

　入学説明会では、本書の執筆者の一人でもある木村知洋さんが、卒業生として参加されていました。木村さんから産業能率大学の通信教育課程なら、無理なく学べることを教えていただき、3年次への編入学を決意しました。

　その後、神戸大学の卒業資格と、産業能率大学で取得した心理学に関する単位を合算して、「産業カウンセラー」の受験資格を充足し、資格を取得することができました。精神的に弱い私が、無事に「統合」を乗り切ることができたのも、有資格者として、セルフカウンセリングを中心とした、カウンセリング技術を学ぶことができたからだと思っています。

　そして無事に卒業を迎え、最初の通信制大学での学習は完結しました。

大学院進学を模索してみる

　私自身、産業能率大学通信教育課程へ入学した当初は、せいぜい「産業カウンセラーになれればいいな……」程度の希望しかなく、大学院へ進学するといった選択肢は全くありませんでした。

　私は時間をかけてじっくり研究するタイプではなく、実務に直結する資格を取得しながら知識を固めていく手法を生涯学習のスタイルとして考えているため、「産業カウンセラー」や「キャリア・コンサルタント」の受験資格を得ることが通信制大学に

入学した理由となっています。その学習スタイルを続けてきた結果、今までに取得した資格の数は、大小含め、軽く200を超えています。

そんな私が、なぜ、丸2年もの時間が拘束される大学院への進学を志望するようになったのか、自分でも不思議に思っています。

振り返ってみると、大学院を志した理由として、私の周りには大学院を目指して頑張っている通信制大学の学生が多数いたことが挙げられます。周囲に流されてしまったといえばそれまでですが、私自身、ひとつ上のステージで学んでみたいと思ったのは事実です。

ただし、仕事が繁忙であることを考えると「通学するなんてとても無理。受験するなら通信制の大学院でなければならない」と勝手に思い込んでいました。通信制の大学院はいろいろあるのですが、すぐに思いついたのが明星大学大学院でした。明星大学大学院は本書の執筆者の一人である宮子あずささんが教育学の修士を取得された大学院であり、宮子さんのホームページや著書を拝読するうちに、入学したい大学院の最有力候補となっていました。

しかし、運命とは不思議なものです。私は、産業能率大学通信教育課程で、カウンセリングに関するゼミに所属していたのですが、その指導教官が産業能率大学大学院経営情報学研究科を修了された女性のIさんをゲストとして招聘し、昼食会で色々とお話を伺う機会を作ってくださったのです。

そのIさんが、楽しそうに産業能率大学大学院での学生生活を話されている姿を見て、私も、同じ道を歩んでみたいと思うようになりました。Iさんは上場企業の女性管理職で、私よりもはるかに忙しいはずなのに、大学院に「通学」していたのです。おこがましくも、私よりずっと多忙な彼女にできるのなら私にもできるはずだと思うようになっていました。

さて、通信制とはいえ、同じ産業能率大学の大学院を受験するわけですから、ゼミの指導教官や、卒業論文の指導教官の推薦などありそうなものですが、そういう特例は全くありませんでした。今では、所定の条件を充足すれば大学の推薦枠で受験できるといった制度も設けられたようですが、当時は大学の通信教育課程と大学院を結ぶルートはなかったようです。

準備できない「推薦書」

　私が受験を決意した大学院の正式名称は、「産業能率大学大学院経営情報学研究科経営情報学専攻」でMBAコースと呼ばれていました。MBAコースは社会人を受け入れることを前提としており、授業は平日の夜間と土曜日に開講されていました。

　出願するためには必要な書類を準備しなければなりません。「学修計画書」や「経歴書」等は思いのほか簡単に作成できたのですが、ひとつだけ自力では準備できない書類がありました。それが「推薦書」です。

　実は、他の社会人大学院でもよくあることなのですが、「当該学生が平日夜間や土曜日の授業を無理なく受講できるよう配慮する」旨を証明するものとして、「勤務先の推薦書」が出願書類として必要だったのです。自費で大学院に通うのだから、誰の許可もいらないはずなのにと思いつつも、上司に過去の対応事例を確認してもらったところ、私の勤務先には「前例がない」と回答されました。残念ながら、推薦書は準備することができず、やむなく上司に「推薦書は出せません」という「理由書」を書いていただきました。

　「推薦書が用意できない」という大きなハンディキャップを背負った上に、入学試験についての情報もなく、全く手探りの状態で受験することとなりました。

厳しい面接のそのわけは

　産業能率大学大学院のMBAコースは、書類審査と筆記試験、そして面接試験の総合評価で合否が決まります。

　入試は午前が筆記試験で午後が面接試験となります。実際の筆記試験の内容を記憶の範囲で思い出してみると、「『組織は戦略に従う』というアルフレッド・D・チャンドラーの主張がある一方『戦略は組織に従う』というアンゾフの主張もある。『戦略と組織の適合』という観点からも、アプローチがなされている……」というような前書きのあと、「組織と戦略の望ましい関係について、自分の会社や他の企業の事例を参考に自分の考えで述べよ」といった問題が1題出題されました。チャンドラーもアンゾフも経営戦略のテキストを開けば最初の方に出てくるのに、私には皆目わからない。組織と戦略という点に絞って、自分の考えを書き綴り、何とか答案を完成させて午後の面接試験に挑みました。

　面接試験の試験官はK先生とS先生でした。主にK先生から質問があったのです

が、厳しい質問が色々と投げかけられました。受け答えするだけで精一杯で、しどろもどろの状態になっていると、となりに座っておられたＳ先生が「まぁまぁ……」と、とりなしてくださった記憶があります。

　こうした面接試験の状況から、不合格としか思えなかったのですが、何故か、合格通知を受け取ることができました。

　後に、Ｋ先生は私のゼミの指導教官となる方なのですが、今となって思えば、あの時の厳しい質問は、勤務先の推薦書のない私が、本当に大学院に通学することができるのか、また、参加型の授業において自分の考えを発言できるかを、見極めたかったためだと思います。ちなみに、Ｓ先生は某金融機関出身の先生だったため、銀行に勤める私の立場が理解できたので助け舟を出してくださったのでしょう。

　こうして、私の大学院生活はスタートしたのでした。

家と職場と大学院

　今、学生生活を振り返ってみると、大学院を選択する上で最も大切なポイントは「無理なく通えるか」という点につきると思います。もちろん、産業能率大学大学院を志願するきっかけは、Ｉさんからの影響によるものなのですが、どんなに頑張っても、「通えない大学院」では学ぶことはできません。

　私は、幸運なことに、その「通える大学院」に合格したのです。

　当時私が住んでいたのは目黒区にある社宅で、産業能率大学大学院の「代官山キャンパス」は、通勤経路上にありました。通勤経路上にあるということは、定期券がそのまま使えるため、余計な交通費もかかりません。平日の19時からスタートする授業に出席することも可能でしたし、土曜日の授業については自宅から片道30分程度で通学することができました。

　学習する上で、数少ないチャンスを活かすことができたと思っています。転勤の多い銀行員にとって、自分の都合で職場を選ぶことはできません。しかし、私の場合は自宅と職場とキャンパスのロケーションが絶妙な位置関係にあったのです。

　当時勤務していた支店でなければ平日の授業に遅刻していたはずですし、通勤ルートと反対の場所や、遠隔地に大学院があったとしたら、通学だけで疲弊していたことでしょう。

　産業能率大学大学院に在学中、常に転勤する可能性はありましたが、学習したいと

いう意志の強さが勝ったのか、幸運にも転勤することはありませんでした。しかし、実際、産業能率大学大学院には転勤の影響で、週末だけ地方から飛行機で通学していた方もいらっしゃいました。

痛恨の「C評価」は厳格さの証明

　さて、実際の学生生活ですが、産業能率大学大学院は30単位を取得することで修了することができます。私の在籍していた当時はMBAコースとして「経営戦略」、「マーケティング」、「人材・組織」、「財務・会計」、「ITマネジメント」の各分野から所定の単位を修得し、その上でコンサルティング・ワークショップの単位を修得しないと修了できないといった制約がありました。ちなみに、現在は制度が大幅に変わったため、修了するための制約はかなり緩和されたようです。

　単位取得の難易度についてですが、ほとんどの科目において、まじめに授業に参加していれば単位取得は可能です。無論、絶対に単位が取得できるとまでは断言できませんが、評価基準が100％とすれば、「授業出席30％」、「課題レポート30％」、「試験40％」といった風に、ほとんどの科目において「出席点」や「課題レポート点」があります。総合評価が60％以上となれば、当該科目の単位修得となります。

　最後の試験だけで成績が決定するものではありませんから、地道に通学し、学習を続けていれば単位は取得できるようになっているのです。ただし、産業能率大学大学院では「S評価」は上位5％に限るといった相対評価による成績の基準が設けられているため、受講者全員が「S」や「A」の評価になるということはありません。博士後期課程につながる大学院では「優以外の単位を修得する方が難しい」という話もあるのですが、この点について、産業能率大学大学院はかなり厳格です。実際に、私も「C」を1つ頂いています。しかも、ゼミの指導教官の授業で「C」を頂いていることからして、いかに、単位認定が厳格に行われている状況がわかっていただけると思います。

　試験やレポートより成績に大きな影響を与えるのが「出席」への厳格な対応です。

　これは私が2年生のときからスタートした制度なのですが、「遅刻者については3回で1回欠席とカウントする」、「遅刻は30分までで、それ以上の遅刻は欠席扱いとする」、「欠席1回につき、最終評価から10％減点する」というもので、私が「C」を頂いてしまったときは、仕事の都合で3回欠席扱いとなっていたことが大きな要因

でした。

　ただ、やはり大学院で学習する以上は遅刻・欠席を繰り返して楽に単位がとれるというわけにはいきません。特に、ケーススタディなど、授業の頭から出席していないと流れが把握できない科目もあるわけですから、遅刻者や欠席者への厳格な対応は仕方がないものだと思います。

　授業に出席していれば概ね単位は取得できると書きましたが、逆に、単位が取れない人は途中でドロップアウトしていきます。遅刻・欠席の回数やレポートの提出状況により、このままの状態では所定の単位が修得できないことを、自分自身の感覚としてわかるからだと思います。したがって、無理なく授業に参加でき、予習やレポート作成ができるように履修計画を立てることは非常に大切なことだと言えます。無理して履修科目を多くすると、予習やレポートが重なって身動きがとれなくなってしまいます。

コンサルティング・ワークショップという最後の難関

　どんな忙しい状況であっても、すきま時間を学習に充て、まじめに授業に出席していれば単位は必ず修得できます。しかし、出席だけではどうにもならない科目が「コンサルティング・ワークショップ」です。産業能率大学大学院では一般的にゼミと呼ばれており、この授業の中で作成する成果物とプレゼンテーションが、一般的な大学院の修士論文に当たります。経営コンサルタントさながらに、自分の勤務先やターゲットとする企業を選定して、経営上の問題点をあぶり出し、その解決策を探っていきます。授業は1年間続き、最後に口頭試問が行われます。

　口頭試問では教授3名と同期や後輩の前で、パワーポイントを使って15分間のプレゼンテーションを行います。発表が終わると教授から質問や指摘があり、発表者は的確に応対しないといけません。

　通常は、自分の勤務先で生じた問題についてテーマを決定し、問題点とその解決策を考えるのですが、私の場合は、勤務先の協力が得られなかったため、できることは極めて限定的なものとなりました。同期の多くは、もともと企業派遣の学生だったり、会社の全面的なバックアップを有していたので、踏み込んだ内容で最終成果物を作成できるのですが、私はあくまで一般論のような形で書かざるを得ませんでした。そういう意味では、やり残した感じのある最終成果物となりました。

私にとって、物足りない最終成果物となりましたが、1年間取り組んできた内容についてプレゼンテーションを行い、口頭試問にも必死に耐えて、なんとか無事修了することができました。
　こうして、晴れて産業能率大学大学院を修了し、修士（経営情報学）＝MBAを取得することができました。

修了してみてわかる産業能率大学MBAコースの良さ

　ここで、MBAコースを修了した立場で産業能率大学大学院の良さについて述べてみたいと思います。あくまで私見なのですが、多くの修了生・在学生が共通に感じていることだと思います。

1．ケーススタディが豊富

　MBAコースの醍醐味ともいえるのが、ケーススタディという科目です。これは、色々な企業の事例（ケース）を元に、設定

学位授与式（代官山キャンパス）
2008年3月22日

された質問に対し、自分ならどのように判断するか考えるものです。経営サイドとしての判断力を養う授業なのですが、みんなの前で自分の考えを発表したり、意見の是非を討議したりするため、事前準備が欠かせません。
　よりどころとなるのは、10ページ～30ページ程度のケースが書かれた冊子のみです。何度も何度も読み込んで、ケースの内容を分析し、キーワードやポイント等をマーカーで塗り、想定される他の学生からの質問に対する反論を準備する必要があります。甘い考えで参加すると、他の学生から論理の矛盾点を指摘されたり、先生から厳しい質問を受けたりすることもあります。しかし、このようなケースを多く経験することで、与えられた情報の中で、考えうるベストの方法を導き出すスキルを養うことができるのです。

2．恵まれた「実務家」講師陣

　産業能率大学大学院が他の大学院と大きく違うところとして、講師陣がすばらしい

という点が挙げられます。もちろん、他の大学院にもすばらしい先生方がいらっしゃるのですが、産業能率大学大学院は、「研究者」だけでなく「経営コンサルタント」や「企業経営者」の方々が多数講師として招聘されており、講師陣のバランスが絶妙なのです。

もともと、産業能率大学は上野陽一先生が日本産業能率研究所を創設したことをもってその起源としています。上野先生自身が日本で最初の経営コンサルタントであり、その伝統において、多くの現役経営コンサルタントの先生方が大学院で教鞭をとられております。

そして、直接、経営コンサルタントとしてのノウハウを余すところなく教えていただけます。また、経営コンサルタントとしての幅広い人脈から、ベンチャー企業の創業者や上場企業を破綻させた元経営者を教壇にお招きする授業もありました。このような講義は、他の大学院ではなかなか実現できないものだと思います。

また、寄附講座等でも、多くの上場企業の役員がゲストとして招聘されています。時には、新聞やテレビで報道されたばかりの経営判断について、何故そのような決断をしたのか、直接、経営トップから話を伺うこともできました。他にも、マスコミに出てこないような経営秘話を語っていただくこともありました。変わったところでは、実際の経営上の課題について、学生が一緒に考えるといったエキサイティングな講義もありました。

このように、産業能率大学大学院では、多彩な講師陣を擁しており、MBAとして幅広い知識やノウハウを養っていくことのできる環境が整っているのです。

3. 多くの先輩方

意外なことに、産業能率大学大学院は1992年にスタートした日本のビジネススクールとしては古株の大学院です。既に修了生は500名を超えており、様々な業種に多くの先輩方がおられます。そしてゼミのOB会等を通して、先輩方とつながりを確認することができます。時には貴重なアドバイスをいただくこともあり、本当に感謝しております。

4. 修了しても続く学びの鎖

産業能率大学大学院からは、修了後も大学院事務課からメールをいただくことがあ

ります。公開授業やイベントの案内です。特に、著名な経営者が教壇に立たれる場合、修了生も受講可能な公開授業としていただける場合が多くあります。また、大学院の授業についても、修了生は廉価な費用で特別聴講生として受講することができます。図書館も利用できるため、修了してもなお、高度な学習を継続することが可能です。

　大学院を修了すればそれで終わりという訳ではなく、日々変化していく社会や企業経営のあり方を、今後も学んでいかなければならない訳ですから、こうした機会を提供いただける環境は大変素晴らしいものだと言えるでしょう。

MBAコースはマネジメント大学院へ

　さて、我が母校、産業能率大学大学院は2009年度より「マネジメント大学院」に生まれ変わりました。社会人、特に管理職層を育成・強化するための大学院に特化し、より柔軟にプログラムを提供するようになったのです。今までなかった集中講義や日曜日の授業も開講されるようになりました。一方で、私が在籍していた当時は「経営戦略」、「マーケティング」、「人材・組織」、「財務・会計」、「ITマネジメント」の各分野にそれぞれ必修科目があり、それをクリアすることで「MBA」としていたのですが、マネジメント大学院では「マネジメントに関する課題解決ゼミ（6単位）」以外は全て選択科目としたため、MBAコースという呼称は外したのだと思われます。

修士となって

　産業能率大学大学院を無事修了し、修士（経営情報学）の学位を授与されました。この学位をもって、「国内MBAを取得する」という目標を達成することができました。学位記を手にしたときは大きな感動を得ましたが、達成感以外にどのような効果があるのか自分でもよくわかりません。仕事の上で変わったこともなければ、転職を希望しているわけでもないため、日常生活も特に変化はありません。私の同期や先輩、あるいは別の大学院に行った友人には、転職したり、MBAという肩書きを活用している方も皆無ではありません。しかし、多くの修了生が今まで通りの生活を送っています。

　特に、産業能率大学大学院ではアドミッションポリシーにおいて「修士の学位を取得することにより、転職を有利にしたい等個人的なキャリアアップのみを目的として

大学院に入学を考えている方には出願を遠慮いただく」としています。理由は、産業能率大学大学院は管理職層の育成と強化を目的とし、今働いている勤務先で自己実現を目指している人を育てることを目標としているからです。

とはいえ、先輩の中には大手コンサルティングファームに転職している人もいますが、私としては、今の職場において、MBAコースで学んだことを活用していければそれで十分だと思っています。

次なる目標のため、再び大学院へ

産業能率大学大学院で、私は「人材・組織論」を専攻しており、企業における「ヒト」のモチベーションを中心に学習しておりました。経営資源として考えるのなら、「ヒト」、「モノ」、「カネ」、そして「情報」が重要な要素であり、いかに効率的・効果的に「ヒト」を活用するかがテーマとなります。

しかし、私は「産業カウンセラー」、「キャリア・コンサルタント」、「健康生きがいづくりアドバイザー」、「生涯学習インストラクター」などの有資格者です。この立場で「ヒト」を研究していると、「ヒト」は、経営資源の一部というより、「人」として、尊重される大切な存在ではないかと考えるようになりました。経営サイドの視点から「ヒト」という対象を上段から見るのではなく、尊重されるべき対象である「人」として、内面から見ていく必要があると思い始めました。すなわち、経営学的見地だけでなく、教育学的あるいは心理学的見地から「人」を研究したいという思いに至りました。

別に大学院でなくても、大学や短期大学でもよかったのですが、より専門的な教育を受けたいという欲もあり、社会人の教育、いわゆる「生涯学習」について研究可能な大学院への進学を次の目標として考えはじめていました。

転勤に備えて通信制大学院を選択

産業能率大学大学院に在学中は転勤せずに済んだのですが、近いうちに転勤の辞令があると確信していたため、全国どこからでも学習を継続できる通信制の大学院を目指すことにしました。

通信制の大学院で教育学、特に生涯学習に関する研究ができるのは、佛教大学、明星大学、そして放送大学の大学院しかありませんでした。

私の実家は京都ですので、京都の佛教大学大学院なら帰省するついでにスクーリングへ出席できると考えたのですが、やはり、東京の自宅からは遠隔地であるというデメリットは否めません。産業能率大学大学院の時と同じく、「自宅と大学院は近い方がよい」と考えました。大学院における先生と学生との関係は一種の徒弟関係であり、いかに、インターネットやIT技術が進歩したとしても、最後は先生と顔を合わせて指導を受けることが大切だと感じています。
　それに図書館で資料を探したり、本を借りたりすることも考えると、キャンパスは可能な限り近い方がいいはずです。
　「通学困難な有名大学院より、無理なく通える地元の大学院」を優先したほうが腰を落ち着けて研究することができます。
　東京都小平市に引越しした関係で、明星大学の日野キャンパスに近くなったことから、産業能率大学大学院を選択した時、後ろ髪を引かれる思いで諦めた通信制大学院の明星大学大学院人文学研究科に願書を出すこととしました。

生涯学習は自身と社会を成長させる

　明星大学大学院には生涯学習の研究に力を入れておられるO先生がいらっしゃいました。
　入学案内に書かれたO先生のコメントに感動したのを今でも覚えています。

　「現代日本の社会的な変化は雇用においても大きな影響を与えています。今後はさらに転職者が増加すると予測され、20歳以上の社会人が自らの能力を育てるために行う生涯学習は、より大きな課題となっていくでしょう……」

　わずか400字程度のコメントでしたが、「生涯学習について考えることで、自身と社会を成長させる」というテーマは、まさに、私が常日頃、心の中で思っていたことであり、この先生の下で学びたいと願うようになっていました。

再び「推薦書」で悩む

　明星大学大学院の募集要項を取り寄せたところ、受験するためには「研究計画書」の他にもいくつか必要な書類がありました。その中で、悩むことになったのは、やは

り「推薦書」です。

　この推薦書ですが、「推薦者は共同研究者や職場の上司等」という注がありました。仕事に関連性のある産業能率大学大学院のMBAコースでも推薦書を手に入れることができなかったのに、仕事との関係が希薄な、教育学を専攻する大学院の推薦書はまずもって無理です。共同研究者もいない状況でほとほと困ってしまったのですが、産業能率大学通信教育課程に在籍していたときのゼミの先生が臨床心理士でスクールカウンセラーであることを思い出し、お願いしてみることにしました。

　先生はもちろん快諾してくださり、過分なまでにすばらしい推薦書を書いていただくことができました。ところが、その推薦書が私の手元に届いた時には、第1期の出願は締め切られていたのでした。

　教訓として、推薦書等、第三者から頂く書類については、十分な時間的余裕をもってお願いすることをお勧めいたします。特に、忙しい方にお願いするときは下書きを準備した上で、期限を明示してお願いすることも忘れないように。

　さて、第1期の出願を断念したということは、第2期があるということで、今度はきちんと出願することができました。しかし、何が幸運するかわからぬもので、2008年度第2期は、なんと過去最低の競争率（1.3倍）だったのです。

明星の入試は選択可能

　産業能率大学大学院の小論文試験では、たった1題の出題で、選択のしようがありませんでしたが、明星大学大学院の入学試験では12題の設問の中から2題を選択するといったものでした。そう考えると、明星大学大学院の試験問題は選択できる分ありがたい気がします。しかし、教育学の素人である私は「授業研究領域」も、「幼児教育研究領域」も、「障害児者教育研究領域」も全くの専門外であるため、明星大学のホームページに掲載されていた過去問題を分析して、「授業研究領域」から出題される「情報教育」と「生涯学習」の2題に的を絞るといった作戦をとることにしました。

　また、他に解答しやすい問題が出題されていたとしても、自分の専攻する分野である「生涯学習」の問題だけは、絶対に解答するという決意で入学試験に臨みました。そして、実際に私が解答した問題は以下の通りです。

問題C：総合的な学習の時間において、情報通信技術を如何に活用しうるか、またその際の方法論について記述しなさい。
問題K：生涯学習の目標の一つは学習者の「自己実現」にあると言われているが、その意味することについて述べなさい。

「総合的な学習の時間」については、漠然としか把握していなかったのですが、他の問題も解答困難という状態であったので、すべての知識を総動員して問題Cに臨みました。
そして、「生涯学習」の分野である問題Kについては、「ユングの人生の正午」と「マズローの欲求5段階説」を絡めて書き綴りました。

ユングは好きですか？

　小論文試験は10時30分から12時までで、13時から面接試験がスタートしました。面接は研究計画書のテーマごとに分かれていたと思います。私の面接官は教育心理学のS先生と、後に指導教官となるO先生でした。
　O先生からは、研究テーマについて「本学の教育学とはちょっと違うのでは……」といったお言葉がありました。私のやろうとしているテーマは、一般的な教育学とかなり乖離しており、強いて言うなら、「教育哲学」や「教育社会学」の分野ではないかとのこと。そのように指摘されたため、「ダメかもしれないな……」と感じていました。
　実は、明星大学大学院の社会人学生は7割が教職関係者で会社員はたったの1割にも満たないという話を聞いており、そのわずかな会社員も勤務先では人事部等で教育に携わっている方々だそうです。銀行の支店勤務の人間が受験すること自体ありえないものでした。こういう状況ですから、「教育学と違うのではないか」という指摘に全く反論できず、ただうなだれるしかありませんでした。しかし、O先生が「まあ、生涯学習は何でもありだから……」と言って下さったのが救いでした。
　面接が終了し、帰ろうとカバンを持ったところ、O先生が「ユングは好きですか」と私に聞いてこられました。「はい、心理学を学習していたときにユングを知り、人生の正午など、共感できるところがあったので……」と答えたところ、「私の問題でユングについて解答してきた人がいたのだが、きっとあなたでしょう？　よく書けて

いましたよ」という温かいお言葉をいただきました。この経緯から察するに、小論文試験のわずか1時間後、つまり面接試験がスタートする頃には、既に採点が完了しているようでした。

面接試験のあった日から数えてから5日後、ホームページで確認すると私の受験番号が掲載されており、2度目の大学院合格となりました。

通信制のメリットを最大限に活かす

明星大学大学院は通信制大学院ですので、産業能率大学大学院のように、毎週通学する必要はありません。通学を求められるのは、指導教官の演習科目（面接授業）と修士論文の指導だけです。修了要件としては「授業研究領域」、「幼児教育研究領域」、「障害児者研究領域」の3つの領域について、自分が専攻する研究領域から2科目（8単位）の修得を含め同研究領域あるいは他の研究領域から3科目（12単位）以上を取得し、修士論文の指導教官が担当する演習Ⅰ（2単位）および修士論文の指導に該当する演習Ⅱ（2単位）を履修することが求められます。残りの単位選択は全く自由で、合計30単位が必要となります。

通信授業は配布されるテキストに沿って4000字のレポートを2通提出し、単位修得試験を受験することで、合格すれば4単位を修得することができます。

指導教官が教鞭をとる演習Ⅰ・Ⅱの計4単位を除けば、大学院修了に必要な単位はすべて通信授業で修得できるのにもかかわらず、ほとんどの学生がより多くの演習科目を履修します。北は北海道から南は沖縄まで、日本全国津々浦々に学生が散らばっています。また、同期には中国在住の学生もいました。面接授業は日野キャンパスでのみ開講されるため、居住地によってはかなり多額の交通費や宿泊費となるはずですが、実に多くの学生が集結します。多額の出費にもかかわらず面接授業に参加する理由としては、先生から直接指導を受けることができる貴重な機会であるとともに、学生が集う数少ない

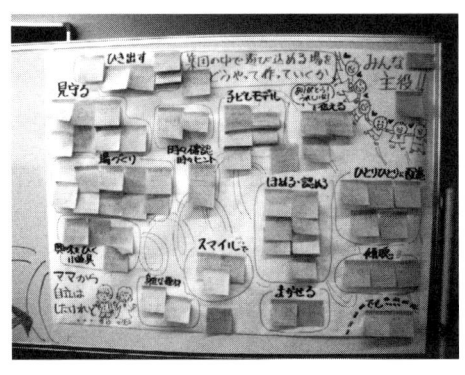

面接授業にて「教育学演習Ⅰ（児童福祉）」

交流の場として活用されているからだと思います。

　ちなみに、この演習科目は夏季2科目、秋季1科目、冬季1科目の合計年4回開催されます。2年間で最大8科目を履修登録できるのですが、私は6科目履修しました。1日5時間20分の授業を受け、3日間の授業とレポート1通で2単位修得となります。

　さて、修士論文の指導ですが面接・通信あわせて5回以上、指導教官から受けることが修了の条件となります。また5回のうち、3回以上は面接での指導を受けることが必要です。ゼミによっては合宿をしているところもあります。私の指導教官はご多忙にもかかわらず、すべて面接で指導いただきました。しかも、仕事の都合で平日の指導を受けることができない私のために、わざわざ土曜日を使って指導いただいたのです。

　2度目の修士の学位取得となりますが、通学する苦労こそ軽減されたものの、やはり多大な労力を投じることとなりました。ただ、私の知らない教職の方々と交流できたこと、そして看護職等、異業種の方々とのつながりを持てたことは、自分を見つめ直す意味で非常に有益でした。

大学院は人生を変える

　実際の大学院での生活を少しでも知っていただこうと、思いつくままに書き綴ってきました。

　私にとって大学院とは、大きな魅力を持った学びの場と言えます。そして、大学院を修了し、新しい自分を発見し活躍されている人々も多数おられます。しかし、大学院の修士課程なら学ぶ期間はわずか2年間。しかも、修了に必要な単位は、少ないところで30単位です。たったそれだけの学習経験で、人生が大きく変わってしまうほど、世の中、甘くはありません。

　とは言え、大学院で偶然知り合った方が自分の人生を変えるほどの影響力を与えてくれることもあれば、大学院を修了したことで自信が生まれ、新たな人生を切り開く原動力になることも十分ありえる話です。ですから、あまり大きな期待を持たず、生涯学習の一環として大学院をめざしてみるが良いのではと思います。

　現代のように、社会・経済が高度化し、IT技術が進歩している世の中では、学部時代に学んだ知識はすぐに陳腐化してしまいます。その陳腐化した知識で、残り約

40年の人生を渡っていくには、あまりにもおこがましいといえるのではないでしょうか。会社から給与を貰う以上は、それ相応の能力が必要です。年月とともに目減りしていく能力を補完するために、新しい知識やスキルを習得する。そういう前向きな気持ちが必要ではないかと思っています。

有名な大学院は競争率も高く、入学自体が難しいですが、MBAコースなら上位10校を避ければ、競争率は2倍にもなりません。大学の名前にこだわらなければ、大学院に入ることはそれほど難しいものではない状況となっています。

一定の水準をクリアした研究計画書と、大学院で何を学びたいかといったビジョンは必要だと思いますが、多くの社会人向けの大学院では英語の試験も免除されており、場合によっては小論文試験すらありません。

本書を手に取ったみなさん、これは何かのご縁です。「人生のワンチャンス！」とばかりに、思いの熱いうちに大学院へ進学されることを、期待しております。

二度あることは三度……

さて、2010年3月に明星大学大学院から修士（教育学）を授与されましたが、明星大学大学院の修士論文作成中に受験した武蔵野大学大学院通信教育部人間学研究科人間学専攻に合格することができました。現在、3つ目の修士を目指して、懲りずに大学院生を続けております。人間学専攻という、まさに私の求めていた、「人」の根本を研究する大学院に入学できたことを、うれしく思っております。そして新たな出会いと学びの体験ができることを、とても喜んでいます。

産能大学 ……ですから、この マーケティング戦略は セグメンテーション 顧客満足度 F・コトラー	やったね！ 二つ目の修士だね　　ありがとう 君が支えてくれた おかげだよ
無事、MBA取得 MBA やったー	これからも がんばってね　　ありがとう
明星大学 生涯学習とは あーでこーで……	そこでさっそく、 お言葉に甘えまして……
二つ目の修士取得 MBA　教育学	三つ目の修士めざして 武蔵野大学へ行きます すでに合格してるし…… 合格　ドヒャー

©ぼうごなつこ

社会人の大学院進学に使えそうなウェブサイト2

『大学評価・学位授与機構解説ページ　GAKUI．NET』
http://www.gakui.net/

大学評価・学位授与機構が行う、「学位授与事業」について、短大や専門学校卒業者が利用できる学士授与制度について詳説。

第6章　看護専門学校から学士・修士・博士、そして今は看護大学教授

長沼貴美（ながぬまたかみ）
広島国際大学看護学部教授

1984年	神奈川県立病院付属看護専門学校第一看護学科修了
1989年	神奈川県衛生看護専門学校助産婦学科修了
2001年	大学評価・学位授与機構　学士（看護学）取得
2003年	**広島大学大学院生物圏科学研究科博士課程前期環境計画科学専攻修了**
	修士（学術）
2006年	**広島大学大学院生物圏科学研究科博士課程後期生物圏共存科学専攻修了**
	博士（学術）

第6章　看護専門学校から学士・修士・博士、そして今は看護大学教授

広島で大学教員をしています

　私は現在、広島の私立大学の看護学部で教員をしています。

　専門は小児看護学ですが、元々は助産師ですので、教員になる前は、市の保健センターで妊産婦さんや新生児の訪問看護を行ったり、助産師は開業できるため、自宅で出産を希望する人たちをサポートしていたこともありました。

　広島に住んで15年、ひとつの場所としては、今までの人生で一番長く住んでいる土地となりました。我ながら驚きです。

　私は生まれも育ちも実は神奈川県横浜市、通称「浜っ子」でした。中華街の西門に隣接している横浜市立みなと総合高校の前身である港商業高等学校が母校でしたので、中華街を始め、石川町や元町は放課後の寄り道場所でした。当時は女子高でしたから、毎日飽きることなく部活のことや将来のことを延々と語り合っていたように思います。

現・横浜市立みなと総合高校

看護師を目指して

　幼い頃より「将来は看護婦に」という夢を抱いていましたので、私は迷うことなく進路は看護学校と決めていました。当時はまだ、看護婦の名称として「准看護婦」や「正看護婦」という呼び方が普通に使われていた時代でもありました（2002年3月より、「保健婦助産婦看護婦法の一部を改正する法律」が施行され、「保健師助産師看護師法」と名称が変更されたことに伴い、保健師、助産師、看護師と呼ばれるようになりましたので、ここからは看護師と記します）。

　看護師になるルートとして当時一般的だったのが、高等看護専門学校と呼ばれる3年制の専門学校でした。地域には独立行政法人になる前の国立病院が数多くあり、国立病院附属を始め、県立病院附属や大学の医学部病院附属の看護学校が点在していました。

　ただ、神奈川県内にはまだ4年制の看護大学がなかったため、私は神奈川県立病院

附属の看護学校に進み看護師を目指しました。自宅からそれほど遠くはなかったのですが、全寮制でしたので初めて親元を離れての寮生活を3年間経験しました。

2人で6畳程度の部屋を頂きましたが、布団を2枚敷きつめるともうスペースに余裕はありません。不便さはありましたが、山と川に育まれ四季折々の景色が寮生活に彩りを与えてくれていました。同じ目的を持ちながら苦楽を共にしてきた同志との熱い3年間であったことには変わりありません。その母校も時代の波に洗われ、2006年3月をもって36年間の歴史に幕を閉じました。何か育ての親を亡くした気持ちに近いものを感じました。

看護師となって

看護学校を卒業し、私は第一希望であった神奈川県立こども医療センターに就職しました。

母校からの就職は私ひとりだけでした。同期の新人看護師の人数ははっきり覚えてはいませんが、そのほとんどが私と同じように、専門学校の出身者でした。しかしながら、年月が経つとともに、その流れにも少しずつ変化があらわれ始め、ひとり、ふたりと看護大学卒業の後輩が就職してくるようになりました。

「看護師も大卒の時代になってくるのかな」という思いがよぎったのも事実です。

その頃からか、周囲から通信制の大学に通っているという話を耳にすることが増え、私自身、幅広い知識と教養の必要性を感じていた時でもあり、大変興味を持ちました。

いろいろと調べていく中で、私の住まいからほど近い場所に放送大学の神奈川学習センターが存在することがわかりました。「これも何かの縁」とすぐに行動を起こし、早速手続きを済ませ、全科履修生として「発達と教育専攻」に入学し、学び始めました。

入学当初は学習することが楽しくて無我夢中で取り組んでいました。学習センターにも足しげく通い、単位が少しずつ増えていくことに喜びを感じ、同時に看護師としても経験を重ねることで、仕事にも自信が持てるようになり、ちょうど今後の方向性を選択する時期を迎えていました。

決意表明

　仕事場が子ども専門の病院ということもあり、日頃から小さいお子さんに関わることが多く、それらの経験から、やはり妊娠・出産期の知識も重要と考え始めるようになり、これらの専門性を高めるためには、助産師の資格が最適ではないかと考え、資格取得に向けて決意することになりました。

　助産師になるための第一歩は、当然助産師学校への入学が必須ですから、休みの日はもちろんのこと、必ず毎日少しでも勉強をすることと決め取り組みました。その甲斐あってか無事に助産師学校に合格することができ、神奈川県衛生看護専門学校の助産婦学科に進学する運びとなりました。病院は休職し、そして放送大学も休学し、助産師の勉強に勤しむことになりました。

　一年後、助産師の資格を無事に取得、復職も果たしNICUで未熟児の看護に携わることになりました。

人生の転換点と休学・復学

　さて、私自身にもちょうどこの頃、結婚・妊娠・出産という人生の大きな転機が訪れました。

　中堅看護師として、妻として、そして母として様々な役割を果たすようになり、放送大学での学習も思うように進まなくなりました。予想はしていたものの、本心ではやりたいのに、現実ではできないというジレンマが募るばかりでした。でも、せっかく好きで始めた勉強なのだから、無理することはないと決め、学ぶことを嫌いにならないよう努めました。そして休学と復学を繰り返しながら放送大学では約5年間で70単位を修得するところまでこぎ着けました。

　通信制大学は、一気に駆け抜ける方が適している人もいると思いますが、自分のライフスタイルに合った無理のない履修計画を立てることが、途中で挫折することなく長続きさせるコツであり、私には適した学習法だったと思います。

　その後ほどなくして、夫の仕事の関係で米国に住むことになり、残念ながら病院を退職し、放送大学も退学することになりました。

ちょっとアメリカへ

　滞在先はカリフォルニアのサンタバーバラ、気候も温暖で子育てをするには最高の

場所でした。

　そのサンタバーバラに約2年滞在したのですが、実にいろいろな経験をしてきました。夫が研究者ということもあり、国内外問わず、学会発表には家族で同伴することもしばしばあるのですが、若い研究者たちが子どもを背負いながらポスター発表をしている姿を見て私は大変驚きました。日本ではまず見ることのできない光景だったからです。また女性の研究者も多く、しかも子ども同伴で頑張っている研究者の姿には共感しました。

　米国に滞在していた2年間は、人生のあり方を学んだ濃密な2年でした。また、米国滞在中に第二子も出産し、日本に帰国したのはちょうど30歳を迎える頃でした。

子育て時代の学びと広島移住
　帰国後は、しばらく子どもふたりの育児に専念しようと決め、専業主婦となったのですが、性分でしょうか、何か学習していないと落ち着かない気分になり、育児の合間に学習しようと思い立ち、自宅近くにあった玉川大学の通信教育課程に科目履修生として在籍することにしました。

　専業主婦もそれはそれで充実していて楽しかったのですが、やはり育児だけでは息の詰まることもあり、何か自分のために使う時間が必要と感じたのです。そんな機会を与えてくれたのが私にとっては通信教育でした。玉川大学では約30単位を修得し、放送大学と合わせて約100単位となりました。

　そんな矢先、夫の広島への転勤が決まり、家族で広島へ移り住むことになりました。

　子どももまだ小さく、誰ひとり知り合いもいない中で、不安ばかりが募りました。方言はもとより、神奈川との人口密度の違いや車がないと生活ができないことに驚きましたが、「住めば都」と考えることにして、まずはこの土地に慣れようと必死でした。その後数年間は子育てに追われながら無我夢中で過ごしました。

学士への始動
　気がつけば子どもたちもずいぶん大きくなり、少しずつ子育ても手が離れて来た頃、再び転機が訪れました。

　広島へ転居してからしばらくの間、学習とは疎遠になっていましたが、何かのきっ

かけで学位授与機構(現在は大学評価・学位授与機構)の存在を知り、私のような専門学校修了者にも「看護学士」の取得の道があることがわかりました。看護学士を取得するということは、大学を卒業しなくても4年制大学の看護学部卒業者と同じ地位になることを意味します。

このためには、まず看護学の専門科目の履修が必須でした。看護学に関する専門科目の履修となると一般の大学ではなく看護系大学での履修が必要となるため、近隣で探したところ、広島国際大学での履修が可能であることを知りました。

さっそく科目履修生となって、看護学の専門科目の履修を始めました。本当は1科目の履修で足りたのですが、つい興味が湧いてきて、あれこれ履修登録してしまい、約10単位を修得するに至りました。そして、学修成果(レポート)も整ったことから、2000年10月に学士(看護学)を大学評価・学位授与機構に申請し、2001年2月に無事授与に至りました。

学修成果の題目は、「地域母子保健活動における助産婦の役割－母乳育児支援を中心に－」とし、微力ながらも取り組んできた地域での母子保健活動に焦点をあてながら助産師の活動を考察していきました。

学位授与機構へ提出した学修成果そのものの評価は返ってこないので、果たしてこの内容でどの程度の評価をもらえたのかは不明ですが、「塵も積もれば山となる」ということわざにあるように、少しずつの積み重ねが実を結んだことには変わりありません。

経歴上、私は大学を卒業こそしていないものの、放送大学への入学から始まった長い大学での学びにひとつのくぎりを付けることができました。

さて、自分の時間が少し持てるようになったこの頃、非常勤ではありますが、仕事もこなすようになりました。助産師の資格と子育ての経験を活かし、地元の保健センターでは新生児訪問や乳幼児健康診査に携わり、地域母子保健活動の一端を担うようになりました。また、科目履修生としてお世話になっていた広島国際大学では、非常勤講師の職も得ることができ、今になって振り返ってみると将来へ向けての始動の時期でもあったように思います。

長年の夢であった学士、しかも「看護学」という専攻分野で取得したことが自信につながり、さらにチャレンジ精神が芽吹いていったのも事実です。

4年制大学卒が看護師教育のスタンダードに

　時代は変わりましたね。昨年（2009年）、国会で「保健師助産師看護師法及び看護師等の人材確保の促進に関する法律の一部を改正する法律案」が可決・成立され、平成22年（2010年）より施行されることになりました。具体的には、看護師について、4年制大学において看護師になるのに必要な学科を修めて卒業した者を受験資格の1番目に明記す

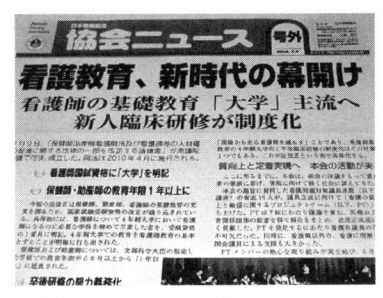

看護協会ニュース号外
（2009年7月9日）より

ることになり、4年制大学での教育を看護師教育の基本とすることが明確に打ち出されました。つまり、これからは看護師になるための教育は専門学校ではなく、4年制大学での教育が主流となることを意味しているのです。

　看護師養成の基本が大卒となると、近い将来、大学を卒業した看護師が当たり前のように存在するようになるのですから、より深く、高度な学習をしたいと欲した時には、大学院への進学を検討するのは必至でしょう。

大学院博士前期課程へ

　私は、4年制大学卒業と同等の学士（看護学）を取得後、さらに専門的な知識を身につけるため、更なるステップアップをしたいと考えるようになり、大学院を意識し始めるようになります。

　どの大学院のどの分野に進学するか、いろいろと調べ上げ、自分の動線や経済性も考慮しながら、広島大学大学院に社会人学生として受験することを決意しました。

　受験当時の正確な所属は「生物圏科学研究科博士課程前期環境計画科学専攻」ですが、2006年より「総合科学研究科博士課程前期総合科学専攻」に名称変更となりました。

広島大学大学院生物圏科学研究科HP
http://www.hiroshima-u.ac.jp/gsbs/

当時の勤務先である、地元の保健センターでの母子保健活動の経験を深めながら、社会に還元していくことができればと思い、この専攻にようやくたどり着いたのです。
　大学院の受験に際しては、先方の教員との面識のないまま、いきなり受験するということは、通常はほとんどありません。
　自分が大学院で研究しようとする内容がそこの研究室でできるものなのかどうなのか検討する必要があるため、大学院案内やホームページからの情報だけでは十分理解するまでには至りません。やはり、あらかじめ教員と面談をしておくべきだと思います。

社会人向けの受験対策

　受験する際の提出書類には大学院により若干差があるかもしれませんが、一般的に必要な書類としては、入学志願書、成績証明書、卒業証明書、志望理由書、研究経過報告書、受験承諾書、健康診断書のようなものがあります。提出する書類もさまざまなら、記載する内容もその大学院によってさまざまだと思いますが、これらを期限までに整えて提出し、入試では筆記試験（専門科目・英語・一般教育科目など）や口述試験を実施するところが一般的な傾向かと思います。
　私が受験した広島大学大学院については、一般選抜では、学力を測るものとして、英語能力（TOEFLやTOEICの成績を提出）、筆記試験（専門科目に関する小論文）、そして口述試験が課されます。この他に1000字程度の志望理由書の提出が必要です。
　私はこの一般選抜ではなく、「社会人特別選抜」という特別な入試区分で受験しました。社会人特別選抜は、2年以上の勤務経験のある社会人を対象にしたもので、一般選抜と違って、英語と筆記試験が免除されるというメリットがあります。しかし、メリットといえばメリットなのですが、その英語と筆記試験の代わりに「研究経過（成果）報告書」という書類の提出を求められるのです。まだ入学してもいないのに、そしてまだ研究もしていないのに、早くも研究経過を書いた書類を提出しなければならないのです。
　幸いにも私は、当時作成したばかりの、学士（看護学）を取得した時の学修成果（レポート）がありましたので、それを加筆・修正したものを提出しました。しかし、

このようなレポートの提出が英語と筆記試験の代用となるわけですから、手を抜いて作るわけにいきませんし、このレポートが合格のレベルに達していない場合、口述試験を受けるときには既に不合格と判断されていることになるわけです。社会人だから優遇されているように見えても、大学の学部のゼミから受験する人は指導教授との人間関係もできているとか、学部出身の学生が有利なのは変わりないと思います。そして、入学試験では英語の試験はないものの、研究を進めるに当たっては英語論文の翻訳や熟読は必須であり、英語が苦手な場合は、かなり苦労すると覚悟しておきましょう。

大学院生ライフがスタートして

　さて、無事に入学することができ、ほっとしていられるのも束の間、慌ただしい大学院生の生活がすぐにスタートします。入学後はオリエンテーションを始め、諸々の手続きをしなくてはなりません。必修科目と選択科目の履修登録を済ませ、具体的な自分の履修計画を立てていきます。

　その科目を履修するに当たって、一般の学生と異なる事情などがあれば指導教員と打ち合わせを重ねていく必要も出てきます。やはり、大学院は学部とは異なり、自ら行動する場所であると認識しておくことも必要だと思います。大学の教員もいろいろですが、指導教員の方から言ってくれるとか、やってくれるなど、淡い期待は持たないことです。ぼーっとしていると時間ばかりが過ぎて、あっという間に２年間が終わってしまいます。

　私の場合、研究室単位でおこなわれる、「ゼミ」と呼ばれているディスカッション形式での訓練が大変役に立ちました。今まで、大学の授業といえば、通信制大学の通信授業や科目等履修生などの受け身の授業しか経験していないため、とても新鮮でした。こうしたゼミも、少ない人数の研究室よりもある程度の人数が揃っている研究室の方が様々な意見や助言をもらうことができるので学べる機会も多いように思います。

　働きながら学ぶという事情から、参加する機会がなかなか取れない場合にも、研究計画書の発表や何か検討してもらいたい議題がある場合は休みを利用して、できる限り多くの人に見てもらいました。特にアンケート調査などを予定している場合にはなおさらかもしれません。

生活と研究の両立

　私の場合、自宅から車で10分のところに研究室がありましたから、大抵は夜半に作業をしに出向いていました。家事や子どもの世話を済ませ、夫の帰宅を待ち、それから研究室へ出向いて22時から24時までの2時間をワークタイムに充てました。時には朝方まで作業をすることもありましたから、核家族の我が家にとって、夫の多大な協力なしには成し得ることはおそらくできなかったでしょう。本当に、夫には感謝しています。こうして家族の協力を得て、時間の許す限り研究室に出向いて、セミナーやゼミには参加をし、様々なノウハウを習得しました。

　ところで、夜の研究室には大抵学生さんがいます。作業しながらわからないことはその学生さんに聞き学んだものです。パソコンの扱い方もそうでした。エクセルやワードの使い方を始め、統計ソフトの使い方に至るまで丁寧に教えてもらいました。その頃の研究室は学生も充実しており、活気のある時代でもあったのでしょう。時には差し入れをしたり、相談にも応じたり、現役の学生さんとの信頼関係作りの大切な時間でもありました。ここで学んだことの一つに、「とにかく一日のうちでほんの少しでも構わないから時間を作ること、そしてその時間に作業をすることが大切」があります。何もやらなければやらないで済むのが大学院なのですが、必ず後になって大きなしっぺ返しとなって戻ってきます。後でやろうとか、明日しようという決意は、往々にして守られません。特に、修士課程は2年間という短い期間で、研究した成果を修士論文にまとめ上げなくてはなりませんから、「時間との闘い」は明らかです。

修士論文の取り組み方

　まず、テーマがあまりにも大き過ぎたり、焦点が絞りきれない場合には再考が必要です。風呂敷を広げすぎると後が大変ですから、そのあたりは十分に指導教員と検討をしていくようにしましょう。まずは研究計画書が完成すればひと段落で、アンケート調査の場合、質問紙の作成が済めば8割が終わったのと同じと言われますが、油断は禁物です。経験上、修士論文では最後の考察が山場となります。煮詰まってしまったり、考えがまとまらなかったり、思うような結果が得られなかった場合にはその解釈を考えなくてなりません。

　私も大変苦労しましたが、その苦労を救ってくれたのは先人たちの研究でした。自分の研究テーマに関連する先行研究や文献をできる限り多く集めていくこと、その作

業の積み重ねが考察の深さと広がりに大きく関わっていくものと考えます。なかなか学士の取得の時点では十分な先行研究の検索と検討までには至らないことがほとんどです。そこを深めていくのも大学院での学びのひとつであろうと思います。

　私の修士論文は「母親の育児ストレスにおける個人的要因と対人的要因」という題目ですが、2年間では十分にまとめきれない部分もあり、正直なところ、もう少し検討が必要だろうと感じるところがありました。修士論文が審査に合格し、博士課程前期（修士課程）を終えてはみたものの十分な達成感はなく、まだまだ途中経過というイメージが強く心に残りました。ようやく研究にも慣れてきたこの時期にこのまま終えてしまうのは中途半端でもあり、非常にもったいないと考えました。また、自分の弱さも十分わかっているので、このまま終えてしまったら再び博士課程を受験する機会が訪れてもそれは難しいかもしれないと判断し、勢いのあるうちに引き続き博士課程後期に進むことを選びました。

修士が博士を目指すとき

　社会人学生という身分なら、ある程度の収入は確保できると思われますので、どうしても継続が無理な人は仕方ありませんが、できればみなさんも博士課程まで進むことを、私はおすすめします。修士課程の2年間の修業年限では、やれることにどうしても限界があります。また、研究者として身を立てていくには博士号の取得も大切な条件のひとつですので是非とも高みを目指して欲しいと思います。

　しかしながら、学部・修士課程と順当に進学した現役の学生のみなさんに対しては、博士課程まで進むことを強調することができないのが現状です。修士課程までは現役の学生も多くいるのですが、博士課程となると、さらに3年間の修業年限が課せられ、その後の就職の不透明さも加わりますから、現役の学生も躊躇し進学する人数が減少します。

　親の立場としても「就職は本当に大丈夫なのだろうか」と、不安がよぎるのも事実です。実際に、莫大な学費と長い時間を投入し博士号を取得しても就職先がなく低い年収で生活を余儀なくされている人は、1万5千人に上るといわれていて、まさに本書でテーマにしている「高学歴なのに職が無い」という人も少なくないのです。学生時代に借りた奨学金の返済が重く肩にのしかかっている人も多いはず。昔に比べれば、社会人入学ではない、一般の大学院入学の門戸も広がりはしましたが、その先の

受け皿が十分に整っているとは言えず、修了するタイミングや運が悪いなどでは済まされない現状があり、難しい局面を迎えています。

大学院設置基準第14条

さて、社会人学生の場合、在職しながら学生として学ぶため、一般の学生と同じように朝からの講義に出席するというのは不可能ですから、さまざまな検討事項が出てきます。最近では、多くの大学院で「大学院設置基準第14条に定める教育方法の特例」を実施しています。これは、広く社会人を受け入れるためにつくられた規定で、私もそれを適用して頂きました。

文部科学省のサイトより
「大学設置基準14条の適用の有無が記載されている」

大学院によっては修士課程の一般的な修業年限にあたる2年間を、長期履修制度というものを適用し、2年分の学費で3年間に延長できたり、講義を夜間や土日に開講してくれる場合もあります。入学の時期も春期だけではなく秋期の10月入学も今では一般的となりました。このように社会人入学の門戸を広げてくれているところも多くあります。さまざまなシステムを取り入れている大学院があるので、選択に際しては、自分のライフスタイルと照らし合わせた上で後悔の無いよう、十分にリサーチされることおすすめします。そして、これらが解決できて初めて受験資格を得ることができると考えるのが妥当かと思います。私も周囲の多くの人もそのようなプロセスを踏んで大学院への受験に臨んでいました。

大学院博士後期課程へ

さて、勢いに乗って進学した博士課程ですが、これが更なる苦難の始まりでした。
修士課程で、それなりの完成度を誇っていたはずの研究テーマを、博士課程ではさらに探求しながら構築していくという必要性に迫られ、思案する日々が続きました。

求められる知識や内容も高く、修士と博士ではハードルの高さの違いを痛感しました。

入学したからには後にも引けず、とにかく前進するのみの苦しい状況でしたが、忍耐力と意地だけは修士課程で身についていたので、何とか突破口を探し出し、研究につなげていくことができました。諦めたらそこで終わりですからね、少しでも可能性のあることは獲物につきまとうハイエナのように、ある意味忍耐強くやっていく必要があります。

もうひとつ、私にとっての高いハードルだったのが英語でした。私の所属する博士課程の修了要件には、国際学会での発表や英語論文の執筆があり、それが大きな課題でこれにはとても苦労しました。話す英語に書く英語、聞く英語に見る英語と種類も豊富で、それぞれ脳内の思考場所も違うように思います。渡米の経験はあるものの、英語が堪能というわけでもなく、努力も必要でした。ただし、そこは社会人ですから、時間のかかる長い翻訳は専門の業者を利用することで、ずいぶんと時間の短縮につながりました。自分の能力と時間を調整しながら上手に資源を利用することも英語が嫌いにならない長続きのコツかもしれません。現役の学生さんは自らの勉強のため頑張ってやっていることが多かったように思います。

大学院生活も3年目に突入すると、我が家のライフスタイルもどうにか定着してきました。

でも時に懸案事項が発生してしまいます。それは、私の国際学会への参加です。修士課程では国内の学会発表に止まることがほとんどでしたが、博士課程となるとそうはいきません。一週間以上、家を空けることもあり、そのやりくりが大変でした。子どもをお持ちのママさん研究者にとってここが大変なところかなと私は思います。

かつて米国で開かれた学会で、子どもを背負った研究者を見たことを思い出します。お金と時間に余裕のある時には子ども同伴の参加もあると思いますが、やはり無理はしないことが鉄則です。そして我が家では、夫との綿密な打ち合わせを行うことにしました。結局、夫と子ども達だけで一週間を過ごしてもらいました。さすがに現在では子どもも大きくなって、以前よりは「放置」しやすくなりましたが、研究生活を続ける以上、この学会参加に関わる前後のやりくりは母親にとっては永遠のテーマです。

私の博士論文は「母親の育児ストレスと完全主義傾向ならびに合理的な育児行動と

第6章　看護専門学校から学士・修士・博士、そして今は看護大学教授

周囲からの受容との関連の検討」という題目でまとめました。妊娠中から出産後半年間にわたり200組以上のご夫婦を対象に縦断的な調査を展開し考察していきました。助産師本来の仕事でもある地域での母子保健活動をおこないながら、その結果を社会に還元していかれるような働きかけを見出すとともに、子育てしやすい環境作りにも目を向け取り組みました。現在でも間接的ではありますがこの研究テーマは継続しておこなっています。

そして無事に博士（学術）を取得することができました。

博士号って？

「末は博士か大臣か」と、昔は一部の特権階級、もしくは本当に賢い人間しか博士にはなれないというイメージでしたが、今はどうでしょう。犬も歩けば博士にあたると言われるほど増殖しています。しかし、そこは幼いころから研究者になろうと努力してきた人間と、思いつきで博士になってしまった人間ではやはり差がつくのは当然のことでしょう。いろいろなところで語られているとおり、一部の優秀な博士はどんな状況下にあってもやはり引く手あまたなのです。肩書きは同じ博士ではあっても根本的に資質に違いがあることも事実なのです。それでも私のように「なんちゃって博士」となってしまった人間でも世の中で役に立つことはあるはず。そんな思いを抱きながら日々精進しているのです。

こんな私でも博士号を取得してからの人生は大きく変わりました。修士課程を修了した時点ではそのメリットはあまり感じませんでしたが、博士号は違いました。看護の領域でも修士課程を修了し、在職しながら博士課程に通っている教員は多くいます。しかし、なかなか思うように博士号が取得できないのが現状です。

修業年限である3年間を超え、倍の6年をかけても終わらない人がいます。博士課程自体の内容が厳しいのはもちろんのこと、在職しながら学業をこなしていくのはやはり時間的な制約もあり大変なことなのでしょう。仮にもう一度博士課程に行けと言われても、私はおそらく行かないと思います。それほど大変だったのです。しかし、その苦労は決して損だとは思っていません。

一般的に理学部や工学部など理系の学部などでは助教であっても博士号を持っているのが普通ですが、看護の領域ではまだそこまでには至っておらず、そこが大きな違いではないでしょうか。また、社会人大学院生の職業でよく目にするのは看護大学の

教員や看護師と言われる所以も納得できます。是非とも在学中の皆さんにはどうか博士号取得まで初志貫徹の精神で頑張って頂きたいと願います。

おわりに―大学という職場から

　そんな博士号を引っ提げて大学の教員になったものの、現実は厳しく、決して楽な職業ではありません。私は、国立大学（正式には国立大学法人）と私立大学の両方で教員の経験がありますが、それぞれにメリット、デメリットがあります。本人自身の向き不向きも関係していると思いますが、どちらにせよ、大変さが伴うことには変わりありません。

　大学全入時代を背景に、選ばなければ比較的容易に大学に入学できる時代になりました。しかし、有名大学や人気のある大学では依然として倍率が高く、入試が難しい状況にあります。一方で、私立大学では定員割れを起こしているところも多く、学生の確保に奔走しているのが現状です。入試スタイルも一般入試に加え、AO入試や推薦入試など多岐にわたります。場合によってはその学生本来の資質や能力が入試の場面では十分に捉えきれないこともあります。入試によっては夏にはすでに合否がわかり、合格者は、その後入学までの8カ月余り、それまで積んできた学力を維持する努力をしなければ学力は低下の一途をたどることになります。入学後、加減乗除や分数の計算もおぼつかない学生がいたりして、教育現場も混乱しています。これは看護の領域だけではなく多くの大学で問題となっている事実です。私たちが看護師を目指し奮闘していた時代の学生の方が明らかに真面目で賢い人材の割合が多かったと感じるのは、我が世代をひいき目に見ている私だけでしょうか。いや、やはり大学生の学力は低下しているととらえるのが一般的だと思います。

　とは言うものの、後継者を育てていかなくてはならない立場である以上、どんな状況にあっても教育を施していかなくてはなりません。博士号を取得してからも様々なタイプの苦労は続くということは確かです。

職歴
1984年　神奈川県立こども医療センター就職（1991年渡米のため退職）
　　　　ICU・脳神経外科病棟およびNICUに勤務
2000年　東広島市保健センター　嘱託助産師（2006年退職）
2001年　広島国際大学看護学部　非常勤講師（2006年退職）
2006年　広島大学大学院保健学研究科　助手（2007年退職）
2007年　広島文化学園大学看護学部　教授（2011年退職）
2011年　広島国際大学看護学部　教授（現職）

子どもが小さいうちは、なかなか勉強できなかった私でも……	子どもが帰ってくると、家事に育児に大忙しです
通信制大学と学位授与機構で学士（看護学）を取得……	深夜、車で研究室へ行って再び勉強……
合格レポートを眺めていると、大学院へも行けそうな気がしてきました 大学院…	海外での発表は夫と連携プレーでした
無事に広島大学大学院に入学 子どもが学校へ行くと勉強 えーっと助産学の… バタ 行ってきまーす バタ	社会人も主婦も、大学院生になると本当に時間との戦いです…… 健康はやっぱり、快眠からですね 博士 みなさんも頑張って下さいね

©ぼうごなつこ

第6章　看護専門学校から学士・修士・博士、そして今は看護大学教授

社会人の大学院進学に使えそうなウェブサイト3

『通信制ドットコム　オトナの大学＆大学院ガイド』
http://tsushinsei.com/

本書のサポートサイトであり、主に論文の作成方法について詳説してある。

第7章　高齢化の進んだ徳島で、薬剤師が福祉を学ぶ

如月真実（きさらぎまこと）
薬剤師・薬店経営者

1985年　徳島文理大学薬学部卒業　薬学士
2007年　放送大学大学院文化科学研究科
　　　　　　　総合文化プログラム（環境システム科学群）修了
　　　　　　　　　　　　　　　　　　　　　　　　修士（学術）
2010年　日本福祉大学福祉経営学部（通信教育課程）卒業　学士（福祉経営学）
2010年　放送大学教養学部心理と教育コース　在学中

大学院を目指したことがありました

　島国日本の中のさらに島国四国・徳島にあって、県都から高速道路もない道を車で1時間と少し、国道から外れた郡部の町に私は住んでいます。ここは海・山・川・里の幸に恵まれ、澄み渡る空と山の緑、海の青は自慢できる、まさに田舎です。

　大学院への進学は、昭和の後半、大学を卒業する年の夏ごろ、親に進学希望を伝えて反対されました。今思えば、あまり裕福な家庭ではなかったのに、私立の薬学部に進学させてもらっていました。その上、そのころの女性の大学院進学率は高いものではなく、運の悪いことに結婚も決まっていました。夫となる人は、就職して5年目のサラリーマンで、私立の大学院の学費を払える家計ではありませんでした。

　進学を望んだけれども断念したという経験は、いくつになっても「学びたい」という感情として残っているようです。36歳のとき、子どものころの夢だった医師を目指し、在職のまま国立大学医学部を受験しました。3度受験してだめなら諦めると家族に宣言し、再び夢破れました。東証一部上場企業のドラッグストアで、店長として仕事に就いたままでの受験でした。

町で唯一の薬店開業で昔の親父のような生活から脱却

　2004年、私の勤務している会社で配属店舗の異動が打診されたことと、住んでいる町でただ1店の薬店が閉店したことを機に、退職することを決意し、この田舎町で薬店を開業することにしました。退職の意向を勤務先に伝え、年明けに3日ほど出勤したところで有給休暇を消化するためだけの在職となりました。有休中に会社の決算期を迎えてしまい、再び有休が付き、3月末で有給休暇をやっと使い果たし、正式に退職することになりました。そして4月から薬店を開業します。そこからは、夫曰く「悠々自適の隠居生活」がスタートしました。

　この年の4月からは、息子が私立中高一貫校に、娘が公立高校にそれぞれ進学し、これから子どもにお金がかかる時期だというのに、そしてこの町の状況では開業資金が回収できないことは調査済み

売り場面積6坪の店頭にて

なのに開業するというのは、かなり無謀な行動でした。

　勤め人だったころは、ほとんど隣の市で仕事をしてきたため、住む町のこともろくに知らず、地域との関わりや子どもの学校との関わりもほとんどありませんでした。言うなれば、一昔前の家庭を顧みず仕事をする親父みたいな存在だったかもしれません。

　ただ、以前から「定年退職してからのコミュニティへの参加は困難だろう」とか、「まだ若いうちに地域との関わりを持ちたい」と思っていました。金銭的な豊かさや華やかな生活を捨てての開業でしたが、町の薬屋として健康相談ができ、地域の人たちと語らい、専門知識を用いて「少しだけお役に立てば」という思いを実現するため、店をつぶさない程度の営業努力はしようと考えていました。そしてその思いは現実のものとなり、年収は5分の1に激減することになります。

偶然に放送大学大学院を知る

　開業前から暇だと分かっていた薬店の経営は、実際に暇でした。

　趣味や地域活動などを始めてみようかと思いついたのは、7月のことです。店から徒歩1分の役場を訪れたときに、カウンターの上に置いてあった広報誌が目に留まり、載っていたのが「放送大学学生募集」の記事でした。

　大きな記事ではありませんでしたが、この記事を読んでいくと、学びたいという感情が湧き上がり、いても立ってもいられない衝動に駆られ、とりあえず放送大学徳島学習センターへ電話してみました。私はまだ何を学ぼうとも決めていないのに、電話口の職員の方は親切丁寧な応対をしてくださり、大学だけではなくて大学院まであることを教えてくれました。そして私が放送大学大学院の募集要項を入手したときには、大学院の修士全科生の出願開始まで1ヶ月を切っていました。

とにかく放送大学大学院へ出願する

　入手した募集要項を読んで気づいたのは、放送大学教養学部で卒業を目指す「全科履修生」は年に2回の募集があるのに、大学院で修士の学位が取得できる「修士全科生」の出願は8月下旬から9月上旬のみで、年に1回しかチャンスがないということです。

　気づいたときにはすでに8月です。出願書類には、母校から取り寄せればいい大学

の「卒業証明書」、自分で書けばいい「志望理由書」などのほか、単に文字数を埋めるだけでは評価されない「研究計画書」があります。この研究計画書とは、文字通り、どんな研究をしたいのか、どういう手法で調査するのか、先行研究はどういうものがあるのかなど、かなり詳細に検討しなければなりません。

　私が調査・研究するためには、私の身近な問題を調べることだと思い、徳島県民の健康について考えてみました。わが徳島県では、糖尿病死亡率が10年以上にわたって連続全国一という不名誉な事実があります。そしてわが町は、その徳島県にあって特に糖尿病死亡率が高いという状況でした。町は「健康づくりチーム」を結成し、保健師を中心に糖尿病はじめ生活習慣病の対策に乗り出していました。なぜ糖尿病が多いのかについて、チームはしきりに不思議がっていました。私の約20年前の卒業研究も糖尿病関連だったこともあって、研究テーマをわが町の糖尿病の実態調査に決めました。

　決めたのはいいのですが、病院勤務でもなければ町の職員でもない私が、どのように調査し、検査数値を入手するかを考えなければなりません。なにしろ通信制の大学院ですから、自宅・自室が実験室で、調査は全て自己負担です。どうすれば一定期間に血液検査結果や生活習慣の調査ができるか、それも費用をかけずに行えるか、そればかりを考えていました。

　そこで、町の協力を得て、集団健康診査のときに生活習慣などのアンケートをとり、本人の了解を得てデータを利用させていただき、アンケート結果と照らし合わせるのが最も確実で費用がかからない方法だと思い至りました。

　この研究方法を研究計画書としてもっともらしく書きました。町の協力が大前提だというのに、町の受け入れに関しては了解も得ていないままでした。そんないいかげんな研究計画書と願書を、文化科学研究科総合文化プログラム環境システム科学群（当時）、現在の生活健康科学プログラムに提出しました。

一次選考から二次筆記試験へ

　当時の放送大学大学院入試の第一次選考は、書類のみで審査されました。放送大学教養学部は、入学試験のない国内最大の通信制大学です。その大学院なので、おそらく第一次選考で落とされることはないだろうという甘い考えでした。あとで知ったのですが、徳島学習センターで7名が出願して、一次通過は3名。落ちた人の大半は、

大人気の臨床心理プログラムだったそうです。当然といえば当然ですが、いずれのプログラムも研究計画書のできが一次通過を大きく左右するようです。

　第二次選考は、筆記試験と面接試問が別の日にありました。筆記試験については、10月に地元の徳島学習センターであり、初めて学習センターへ行きました。突貫工事のような書類作成と同じく、ろくな準備もせずに受験しました。

　放送大学のホームページには、入学試験の過去問題がアップされています。過去問題を解いて雰囲気をつかみ、心の準備をすることだけで合格へ近づくのは常識です。しかし、私は当然のように予備知識なしの無勉強で受験してしまいました。

　専門が多岐にわたる環境システム科学群では、英語の共通問題の次に、小論文の問題がたくさん並んでいました。選ぶのは自分の専門に近いもの1問のみです。内容の出来・不出来は別にして、小論文は比較的得意なので、800字求められて、800枡目に「。」を打ちました。

　理系出身者の中には、「小論文は短くよくまとめられていればよい」と思い込んでいる人がいます。しかし、私は「字数を提示されたものは、なるべく提示された字数で書いたほうが無難」と考えています。過不足はあっても1割以下で、無難な答案を作るほうが、競争率が高くないとされる放送大学大学院の試験としては確かな方法だと思います。

二次面接試問は飛行機で日帰り往復

　11月にあった面接試問は、二次選考の後半戦になります。一次選考合格者にとっては、筆記試験の出来が良かろうが悪かろうが、もれなく付いてきました。試験会場は千葉市幕張にある放送大学本部でした。

　田舎に住む者にとって最大のネックは、面接試問よりも、交通費と交通手段、それに要する時間でした。

　薬店経営者といえば少しは格好いいのですが、やっていることは薬屋の店番がメインです。薬剤師免許を持つのは私ひとりですから、他のスタッフが店番をしている間は「薬剤師不在につき医薬品の販売はできません」と掲示しなければなりません。この状態が長くなるほど単純に売り上げは減るし、薬を売れない薬店は無意味な存在となってしまいますから、できるだけ不在を避けたいのです。

　二次面接試問へ出かけるのに、新幹線利用なら、岡山で新幹線に乗るまでに特急で

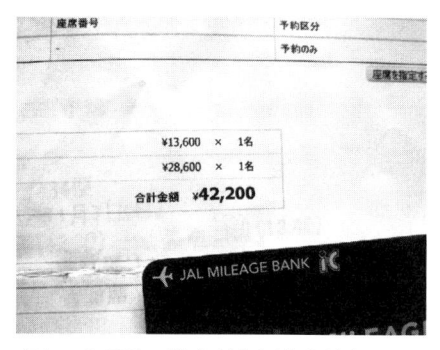

第7章　高齢化の進んだ徳島で、薬剤師が福祉を学ぶ

JALでも日時で料金が倍以上も違う

3時間余り、そこからさらに3時間余りで東京に到着します。バスで大阪に出るにも3時間以上かかります。1日だけの試験のために前泊後泊が必要になり、3日間も店を留守にしなければなりません。夜行列車や夜行バスなら車中2泊で、仕事を休むのは1日で済みますが、前日に仕事を終えて大学へ向かい、試験が終われば帰途につき、翌朝に到着すればすぐに仕事に就く、という体力勝負の強行軍になります。

いろいろ考えた挙句、最も安易な手段である飛行機利用での日帰りにしました。料金は高いのですが、空港まで車で1時間半、機上1時間で羽田に到着します。飛行機は、JALなら片道28,600円かかりますが、当時就航していたスカイマークなら片道10,400円で済ませることができました。羽田空港から幕張までの移動に高速バスを使い、食費込みの全額で3万円以内に抑えることができました。このときが最安値でした。

急ごしらえの大学院入試は、大学本部へ行くのも下見なしの一発勝負です。空港からの高速バスが着く海浜幕張駅から山側へ直進し、スターバックスでコーヒー休憩、イトーヨーカドーの手前を右へ曲がって、千葉学習センターの門から入りました。迷わず確実に辿り着ける方法として、地図から得た情報がそのルートでした。

受付を済ませた受験生が、わさわさと放り込まれていく大きな部屋には「静かに」と書かれた紙が貼られていました。そこから数名ずつ名前を呼ばれ、面接室の前まで連れて行かれていました。

現地調達の友と情報交換

面接前に通された「静かに」と書かれた紙が貼られている大きな部屋で、私の前の席の人が話しかけてきて、その前の人も巻き込んでおしゃべりを始めました。静寂を破る女が3人、そこにいました。友だちを作るために大学院へ通うわけではありませんが、こんなときに友だちを増やさなくては、作る機会はそうそうありません。同じ時期に研究を進める情報交換ができる仲間は、自宅でひとり取り組む孤独な戦いの通

信制では強い味方になると思ったからです。
　1人目は関東在住で、放送大学や他の大学出身で複数の学士を持つ大学院科目履修生。2人目は、東北在住の放送大学出身者。そして私は、どこへ行っても関西弁しかしゃべれない徳島県在住の放送大学初心者です。3人が話をしている間に、大きな部屋のあちこちでコミュニケーションをとる姿が見られました。面接への呼び出しまでに、「終わったら下で待ち合わせてお茶しよう」まで、話はまとまっていました。

面接試問は厳しかった
　面接で尋ねられたのは、ほとんど研究計画書に基づくことで、研究が現実的で実行可能かどうかの確認のような感じがしました。
　放送大学の授業全てが未経験の私にとって、面接官の先生が誰なのか分かりません。面接官から、厳しい質問が飛んできました。
　「この研究は、行政が受け入れてくれないんじゃないですか？」
　それが一番の問題点でしたが、『その研究のためのデータの入手は、その方法じゃないと集まらないのよ』と思いながら、ぽつぽつ話しました。もうひとりの面接官まで「無理じゃないでしょうか」と追い討ちをかけました。『町長はメルトモなのよ。公私混同はしない人だけど。彼は、そんな受け入れが大好きなのよ。合格したら、町長室で直談判するわ』と、そこまでくだけたことが言えるはずもないので、やんわり伝えました。
　実際、合格後には、いつも開け放たれたままの町長室のドアを形式だけノックして、説明してすぐに了解をいただけました。今になってみると、先に了解を得ていればよかったと思います。
　「この研究は、博士レベルの内容です。修士で全部は無理です。絞りなさい」とは、最終局面での面接官のお言葉。
　「分かりました。健診結果とアンケートで全国との比較を中心に、絞ろうと思います」
　そう言ってみても、『合格ならともかく、不合格ならどう評価されたことになるんだ？　素直に絞らなければ、どうなるんだ？　それ以前に、行政が受け入れてくれなければ、研究計画書自体が、紙くずなんやけど』と思うところも、突っ込みどころも、多々ある面接でした。

幕張の喫茶店で

　無事に面接試問は終わり、さっきの友だちと合流し、駅への途中にある店で、おしゃべりの続きを始めました。大学院はもちろんですが、放送大学そのものを全く知らない私に、多くのことを教えてくれました。研究計画や面接試問の内容も話し合いました。

　関東在住の友だちは、筆記試験の英語は解く気もなく、ほとんど白紙で提出したため、面接でもそれについて質問があったそうです。東北在住の友だちは、面接で私と同じように「絞りなさい」と言われたそうです。堅実な感じの彼女は、研究計画書の上から順番に優先順位をつけていて、明確に示したそうです。東北在住の彼女の用意周到なことに驚きました。そして私は、何を見たのか何を見たかったかよく分からない面接に、よく分からない返事をしたら、これほど準備不足であったにもかかわらず合格していました。

　そして関東在住の友だちは残念ながら不合格。東北在住の友だちは合格でした。

いよいよ飛行機通学

　2005年春、私は念願の放送大学大学院生になりました。

　4月上旬にオリエンテーションがあり、試験のときと同様に日帰りの飛行機通学をしました。前回と同じ道を歩いているときに知り合ったのは、北海道在住で飛行機通学の方でした。私は放送大学方向へ地図を持って歩く人には声を掛けられる社交性を持っていたので、さっそく友だちになれました。ふたりで全体オリエンテーションの席に着くと、前にいるのは面接試問のときの東北在住の友だちで、女3人は談笑しました。

　残念ながら私はこのふたりとは、同じゼミではありませんでしたが、彼女たちは同じゼミになりました。

　オリエンテーション終了後は、各ゼミに分かれてのゼミ研究会でした。自己紹介をし、研究計画をそれぞれに発表し、さっそく研究指導が行われました。ゼミ後には、これから恒例となる懇親会という名の「食事＆飲み会」が予定されていましたが、残念ながら日帰りのため、参加できませんでした。『ゼミのあとの飲み会なんて、まるで大学院生みたいだわ』などと思いながら、次のゼミからは1泊2日の日程にしようと考えていました。

協力機関との関係は重要

　合格からオリエンテーションまでの間に、地元では、町の健康づくりチーム保健師の方とのメールや面会で、チームができた経緯や活動状況などを聞いて、町の糖尿病患者や糖尿病予備軍の割合などの資料もいただきました。当初、私は基本健診時にアンケートを実施する計画でしたが、集団健診はたいへん混雑することや記入場所の確保などアンケートが実施できないことがあること、検査結果とアンケートを照合させるために氏名の記入をしなければならないことなどの問題点を保健師の方から指摘していただきました。そして、集落ごとに行われる健診結果を直接手渡す「健診結果説明会」でのアンケート実施ならどうかと提案していただきました。

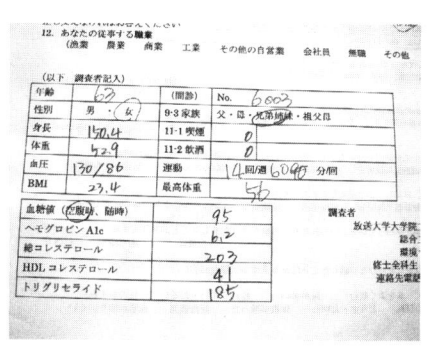

実際に使用した調査紙
聞き取りによって追加記入する項目もある

　健診結果説明会なら、ご本人の了承のもとで検査結果を見せていただき、目の前で書き写すことができます。そのときに、アンケートの未記入項目の確認も質問もできます。その結果、調査対象は「2005年度に行われる基本健康診査の健診結果説明会参加者全員」となりました。

　個人情報について厳しくなっている中で、アンケートの実施そのものに反対されてしまうと研究に赤信号が点ります。このような代替案を出してもらえたことをありがたく思いました。ご協力いただく機関の人たちとの良好な関係は、ひとりで書き上げる修士論文であっても大きな力になりました。

指導教授とのやりとりはメール

　1回目の健診結果説明会は、5月の連休明けでした。それまでにアンケート用紙の作成をし、教授の指導も受けました。研究題目の提出やそれについての指導なども含め、オリエンテーション後から、教授とのメールのやりとりは頻繁に行いました。

　教授からは「健診結果の内容をどこまで提供してもらえるか分からないので、結果説明会でのアンケートを中心にした研究の実施が望ましい」との指導をいただきまし

た。
　私の所属するゼミでは、第1回ゼミのときから、「2年で修了が基本」と告げられていました。すると当然、1年間のデータを集めるのに2年目に行うようでは、時間的に修士論文の作成ができません。さらに、翌年度には調査対象のわが町は合併し、その後の健康づくりチームがどうなるかは、合併してみなければ分からない状態でした。修士論文の体裁としても、町全域で任意の1年において集めるデータのほうがいいということもあり、私は1年目の調査にこだわりました。

受診者を対象に追跡調査を試みる
　健診結果説明会を回るうち、医療機関を受診されている方々、つまり現に病院などで治療を受けている人たちは、町の行う健診を受けていないのではないかと、感じ始めました。健診結果だけではなく、その後の追跡調査もしたかったので、町内にひとつしかない医療機関の院長に面会予約をとりました。
　院長は、夫が呼び捨てで名前を呼ぶような中学時代の同級生で、学会での研究発表も頻繁で、糖尿病の予防にも熱心な内科医です。研究目的や方法を話した上で、アンケート用紙を見せ、医療機関受診者の糖尿病の認識、食事・運動療法や服薬状況等のコンプライアンス、血液検査結果の推移で、糖尿病患者の追跡ができるとの考えを話しました。
　そして「糖尿病の通院患者の皆さんにアンケートをお願いしたい」と申し出ましたが、午前中に来院患者が集中していること、糖尿病指導の方がまず優先され医師や看護師がアンケートを説明するのは無理であること、糖尿病歴・検査数値等の個人情報の提供は患者本人の許可が必要で、更なる説明が必要になること、などの理由から断念しました。

ゼミがあるから論文作成が進む
　所属したゼミでは、年に3回ほど大学本部でゼミ研究会を行っていました。9人のゼミ生が、全くテーマの違う研究レポートをゼミに持ち寄って発表します。何の意味があるのだろうと思われる人も多いでしょうが、「ゼミまでに調査研究・論文作成を進めなければならない」という区切りにしていたゼミ生も多く、私もそのうちのひとりでした。

放送大学大学院から渡された「研究指導履修の手引き」によれば、修士1年の8月に研究レポートⅠ、2月に研究レポートⅡ、修士2年の8月に修士論文中間報告（研究レポートⅢ）の提出が課せられています。研究レポートを就学支援課に提出して、それが担当教官に渡って添削されます。その後、各ゼミで研究レポート報告会が行われるという手順になっていました。締め切りは厳守です。

　それが私の所属したゼミでは、研究レポートの提出前にゼミ研究会が持たれ、ゼミで指導を受けたうえで、研究レポートの提出となります。大学が示した研究指導の流れと少し違うところが幸いしました。

　実は私、大変ずぼらで、提出期限に遅れることはなくても、ついついギリギリまで放置してしまう性格の持ち主です。ゼミまでになんとか研究レポートを作成しようと準備しました。本来なら、通信教育には向かない性格であるにも関わらず、なんとか修了できたのは、ひとえに担当教授に恵まれたおかげというほかありません。

お金・飛行機予約・宿の確保

　ゼミは土曜日の午後2時から行われることがほとんどでした。お盆の時期など、割引がなくてもまずは飛行機の予約です。最終飛行機の時間など気にせずゼミに集中するためと、そのあとの懇親会に出席するため、ゼミ後は宿泊することにしていました。私の経営する薬店は、日曜日だけは休みなので、のんびりと昼ごろに帰宅していました。ちなみに1回のゼミに出席するため総額6万円ほどかかることもありました。安いパソコンなら軽く1台買えてしまう金額です。

　宿の確保も必要です。海浜幕張駅徒歩5分圏内にはホテルが数軒あり、大学本部までは歩いて行けます。海浜幕張駅周辺のホテルは、その後何度か利用しました。満室で予約ができないときには、JR千葉駅周辺のホテルも利用しました。大学内のセミナーハウスも使えます。私は口頭試問のときに宿泊費1,110円（当時）で利用しました。

　2006年の春、スカイマークが羽田ー　　ときにはバルコニーのある部屋を予約

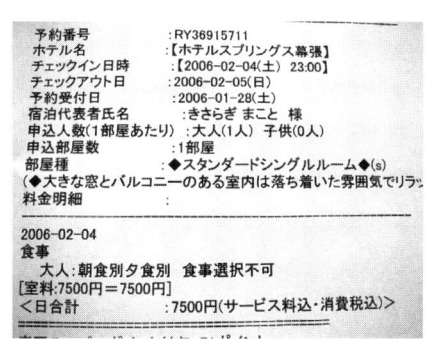

徳島線から撤退しました。これは飛行機通学者にとってはピンチです。JAL便しか選択肢がなくなりました。2月には往復で28,500円だった交通費が、片道で飛んでいくことになりました。7月のゼミは、ホテルが取れなかったため、帰り便を夜行バスにしました。夜行バスなら片道学割で8,000円ですが、そんなときに限って東名高速で事故渋滞があり、朝帰りのつもりが昼過ぎに着く羽目になってしまいました。

最悪の場合は夜行バスで往復という手もあります。これは金欠もしくは飛行機の予約ができないときの最終手段です。いわゆる0泊3日の弾丸ツアー。学位記授与式はこれでした。徳島学習センター所属で経営政策プログラムの同期の方は、毎月ゼミがあったため、弾丸ツアーで通っていたとのことです。

ゼミ生たちとの交流もこころの支え

ゼミでは、全く異なる研究内容であっても、いろいろな意見が交わされました。ゼミの後は、お決まりのように懇親会。日常のこと、仕事のこと、今後のことなど、さまざまな話を交わしました。学外の客員教授に研究指導をしてもらっていたゼミ友も、ゼミに参加していました。通信制大学院は、ほとんど人との交流もなく、ひとりで研究してひとりで修了という人もいるでしょう。ゼミでの交流も、またいいものだということも、知っていて損はありません。それもゼミの先生の方針によると思います。

さて、論文の形が徐々にできていくのが研究レポートですが、ずぼらでギリギリまで放置してしまう性格は改善されず、ゼミ前に別の用件でメールしてきたゼミ友や羽田での待ち合わせ時刻を確認してきたゼミ友への返信メールには、要件のあとに必ずといっていいほど泣き言を書いていました。

それを書けるのも、懇親会のおかげだと思います。ゼミ研究会以外で話をしないようなゼミ生なら、愚痴などこぼせないでしょう。ゼミ友からの返信で「みんなも同じようなものだ」と妙に安心することもできました。同じ道を歩む者だからこそ、分かってもらえる愚痴もあります。

ゼミ研究会連絡の追伸は懇親会の案内

研究と平行して単位修得

　なにもずぼらでギリギリまで放置の性格だけが、修論研究の邪魔をしたわけではありません。放送大学大学院を修了するには、30単位の修得が必要です。そのうちの8単位が研究指導（修士論文）で、残りの22単位は放送授業で修得しなければなりません。よりにもよってゼミ研究会前に、単位認定試験があります。

　大学院入学までに放送大学を知っていれば、事前に修士科目生として単位を取ることもできたでしょう。単位なしで入学したのは、ゼミ内には私ともうひとりだけでした。でも、そのゼミ友は、論文はほぼ出来上がっていて追加実験と解析を残すのみでした。つまり、本当にまっさらの状態で入学したのは私だけでした。

　2年目を修士論文執筆に専念するためには、初年度のうちに22単位を修得しておきたいと考えました。単位認定試験の日程は決められていて、学習センターで受験しなければなりません。試験日時から受講科目を選択しても、急な仕事が入ることもあります。早めに単位を修得する準備を進めておけば、いざ単位認定試験の受験ができなくても、次学期があります。そのためには、最悪でも2年次の1学期までに22単位が修得できる状態にしておきたいと思いました。

　通信制で勉強する場合、計画を立てて進めていくのが無難です。私はずぼらな性格だからこそ学習計画を立てます。「時間割」程度でも、1週間単位で無理なく進められる計画を立てます。最終的には修士論文を書き上げて修士取得が目標なのですが、研究レポートを書くのも、通信添削を郵送するのも、単位を修得していくのも、最終目標に向けての道程です。

店舗イコール勉強部屋

　私の自宅にCS放送の受信設備はありません。インターネットにつながったパソコンもありません。学習センターには、単位認定試験のときしか行きません。放送大学の大学院生としては不思議な環境です。

　ただし、私の経営する薬店の店舗は、パソコンもパラボラアンテナもテレビもビデオもあります。自宅から約4km離れたところに小屋のような家を借り、1階の6坪ほどを店舗として改装したときに、2階にあった6畳間をぶち抜いて吹き抜けにしました。残った2階部分は、ロフトと呼んでいる3坪ほどのスペースで、パソコン以外の設備のほとんどが、ロフトに詰め込まれています。

第7章　高齢化の進んだ徳島で、薬剤師が福祉を学ぶ

　1日20人に満たない来客と、数本の電話。店舗の真ん中で顧客を待ちながら、パソコンに向かっています。会社に関することは、ほとんどパソコンで済ませるため、帳簿類の置き場所は要りません。その分を本が占めます。ロフトでは、純文学とライトノベルズとミステリ小説に囲まれ、放送大学大学院の印刷教材が混ざっています。

　日曜以外は仕事をしています。病院が休みの土曜日は、ちょっとした薬など必要になると思われがちですが、田舎の薬屋は暇です。午後の一定の時間も暇です。暇なときには、学生に変身します。勉強するには結構恵まれた環境です。

無事？　無謀？　1年で22単位修得

　私は入学した年の1学期に6科目12単位、2学期に5科目10単位と、無事に11科目22単位を修得しました。放送大学の教養学部の学生であれば、1日1コマを週に6日。これが1学期あたり6科目12単位ということになりますから、これを4年間続けると96単位。残り28単位を、面接授業や卒業研究で埋めれば、124単位の卒業要件になります。1年で11科目22単位という受講は、不可能ではないけれど、通信制大学を4年間で卒業するのに匹敵するペースだということです。学習ペースは人それぞれですが、これはまさに自由業のなせる業でした。

VHSテープに追い立てられながら学習

　放送大学の良いところは、何といっても放送授業があることです。放送授業をCS放送（現在はBSデジタル）で観ていると、都合が悪い時間帯なら、録画・録音すればいいということです。2単位科目なら、週に1度の放送授業です。単純な学習計画は、前日夜から翌朝にかけて録画したビデオを、その日の閉店までに視聴し勉強するというものです。録画に関してアナログな生活を送る私は、VHSテープにテレビもラジオも科目別に録画していました。その日に学習を終わらせれば、そこでテープを止めて、次の週に続きを録画します。それが溜まり込んでくると苦痛になるので、とにかく前に進まなければなりません。科目別ですから、試験前

ソファ下のビデオとテキスト

には流し見ることもできます。

　もうひとつ放送大学の良いところは、半年で各科目が完結しているセメスタ制だというところです。他大学にあるように、1年で4単位の科目が中心ではなく、半年で2単位の科目がほとんどです。4単位科目にしても、開講期間は半年です。半年間勉強して試験を受け、不合格や未受験なら次学期の試験を再試として受けます。それで受からなければ「単位を落とした」ということになります。

　初心者は、難易度も雰囲気も要領も分からないまま科目登録します。1学期に科目登録して、勉強しきれなくて捨てる羽目になるということは、避けようと思えば避けられます。2学期の登録科目を少なくするか、最初から登録しないということで次学期の勉強量を調整できます。またお金のことになりますが、1単位1万円（現在は11,000円）ですから、そうそう捨てるわけにはいきません。

学期末に単位認定試験

　大学院の単位認定試験で「持込可」の試験ほど、印刷教材などをめくる暇などありません。多くの科目が記述式で、とにかく書きまくりました。調べて確認するのは専門用語ぐらいです。まとめのメモ書きが一番の資料という感じでした。印刷教材「持込可」科目の試験は、書き込み・通信指導添付が可能なので、印刷教材を見ているよりも、書き込みや添付を見ているほうが、はるかに有利なように思いました。

　大学院科目では、自専攻の科目がそう多くないこともあり、自専攻以外のプログラムの科目も受講しました。経営政策、教育開発、臨床心理の各プログラムの科目でした。基礎もできていない状態で、いわば特論を学んだのですから、とんでもない苦労をしました。分からないのだから調べました。単位さえ取れればいいというような学習が向かない私は、発達心理学や認知行動科学を受講したことが、のちに学部で心理学を学ぶきっかけになり、逸脱行動論や福祉政策を学んだことが、心理学の次に社会福祉を学ぶきっかけになりました。仕事にも役に立つうえに、違う専攻でしたが興味ある分野でした。

論文発表・口頭試問

　ずぼらでついついギリギリまで放置の性格は、修士論文提出に関しても発揮され、修士論文は提出期限当日ギリギリに大学本部に到着しました。

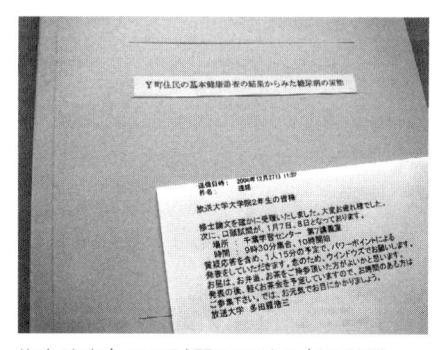

第7章　高齢化の進んだ徳島で、薬剤師が福祉を学ぶ

修士論文と口頭試問の日時などの連絡

　修士論文の発表・口頭試問は、3ゼミ合同でありましたが、私のゼミは日程の都合で2日に分かれての発表でした。運の悪いことに私がトップバッターでした。持ち時間は質疑応答を含めて15分で、発表そのものは10分間。いきなり1分オーバーするような出来の悪さでした。担当教授以外にもふたりの副査の教授から試問を受けました。入試面接試問のときに面接官だった教授もいらっしゃっていて、その教授からは調査後の追跡についての質問がありました。単年度でしか調査できなかったことが悔やまれましたが、それ以上のことをどうすれば修士レベルで研究可能なのかは、考えつきませんでした。病院で通院患者の方を調査できなかったことを、口頭試問になって悔しく思いました。

学位記授与式と最後の懇親会

　ゼミのメンバー9人全員が修士論文を書き上げ、無事に修了できました。修論口頭試問日程が分散したため、論文発表の日に懇親会はありませんでした。

　次にゼミ生が集まったのは、学位記授与式でした。残念ながら全員集合とはなりませんでしたが、学位記授与式後は、お決まりの懇親会でした。

　最後の懇親会の席上、教授がゼミ生たちに尋ねました。

「修士になって何か変わることはあるのかね」

「なーんの変化もありませーん」

　集まった5人が5人ともそういう返事でした。給料が上がったわけでもなく、職位職階に変化があったわけでもなく、転職する予定もありません。ただ、講演会をするときに肩書きがよくなったり、生徒の保護者の多くが大卒の時代に教師が修士であったり、自己の研鑽だったり、自己満足だったり……。懇親会に参加できなかったひとりが国立大学大学院の博士後期課程に進学しました。

　私はといえば、これから生まれる薬剤師と同じだけの年月を学び、遅れをとらずに済んだような気になりました。当初は考えてもいなかったことですが、薬剤師国家試

験受験資格が6年課程修了後になるという変化の時期だったのです。

　単なる気持ちの上だけで、資格が変わるわけでもなければ、6年制薬学部と同じプログラムを修了したわけでもありません。それでもなぜか、満足感がありました。

　通信制で修士課程を修了できたという自信がついたことは大きな収穫でした。超高齢社会の町の薬屋に必要な心理学やカウンセリング技法、社会福祉の知識修得に向けて、通信制で学ぶ道を開いてくれました。

ゼミ修士論文集と学位記

　ゼミ生の修士論文集（本にしました）のお世話をしていただいたゼミ友との話で、彼の奥さんが妊娠中であることが判明しました。論文集が送られてきた10日後、ゼミ友に赤ちゃんが誕生しました。教授とゼミ生に、彼の息子の誕生を知らせるメールを送ってあったら、そのうちのひとりからメールが来ました。

　「お祝いのメールと『ゆうきのうた』（おもしろい曲です）を送らせていただきました」

　大学院での思い出の曲になりました。

ゼミや人によっていろいろです

　放送大学大学院の多くのゼミが、私が所属したゼミと同じとは限りません。口頭試問で垣間見た他のゼミに比べると、うちのゼミはお互いに話をしたり昼食を一緒に食べたりと、ゼミ生の間で交流があるほうでした。所属ゼミを「うちのゼミ」と呼べるほどです。指導教授によっては、個別指導のみというゼミもあるようです。

　放送大学大学院のゼミは、研究計画書により割り振られます。学生が選ぶことはできません。そして配属が発表されるのは、オリエンテーション当日です。

　たまたま配属された教授、その研究指導の方法、たまたま同じゼミになったゼミ生、入学した時期、ご協力いただいた機関、その他の環境が、よい方向にばかり働いたように思います。その結果、家族、職場のスタッフ、ゼミ友、教授、町職員の方々

など、多くの人に支えられながら、放送大学大学院を2年間で修了することができました。

プライベートなことですが、私は2年次（2006年）の春に妊娠・流産したため、半年間は何もできませんでした。それでも、早めに単位を修得し、データも揃っていたため、何とか2年間で修了することができました。息子の義務教育終了、娘の高校卒業と同じ年の修了でした。

放送大学へ納めた学費は、出願から修了までで、47万円。最低料金なら45万円（当時）ですが、実は余分に2単位修得しています。一方で学費と同じぐらいの額が、交通費・宿泊費・飲食代・本代などに消えましたが、満足な2年間でした。

情報は自分で取りに行く

楽しかった大学院生活でしたが、後輩となるみなさんに先輩として少しだけ申し上げます。

どの時点で何に気づき、どの時点で何を始めるかということは、全て自分の判断です。仕事を持ちながら学ぶことは、厳しいこともあります。周りの人たちに迷惑をかけるかもしれませんし、苦労するのは自分です。あとに残る物は、知識、知恵、経験、満足、友、学位……、これらは荷物にはなりません。結局のところ、自己満足でもいいと思います。

放送大学大学院がどういうところなのかを知りたい人は、各都道府県にある学習センターを訪ねてみることをお勧めします。職員の方に質問もできます。運がよければ、大学院生をつかまえて質問責めにすることもできます。私は質問責めにされた本人です。

研究計画書をどの程度まで書き込むか分からなければ、下書きを学習センターへ持って行って相談するのもひとつの手です。アドバイスしてもらえるかもしれません。

研究したいことが分からない人は、何かを研究したいと思う日まで、出願は延期すべきかもしれません。大学院に興味ある科目があるけれど研究したいわけじゃないという人は、修士選科生・修士科目生に出願して特定の科目だけ学べばいいことです。修士全科生になったときに、その単位は認められます。

通信教育は、自分から情報を取りに行かないと得られる情報は限られています。そういう知恵が働くのも働かないのも、全て自分にかかってきます。

研究してあきらかにすることの面白さ

　最近では、大学でも「授業」という単語を使います。高校までと同じように、授けられるだけの学びからは脱却し、講義から探究・研究へと広げていって欲しいと思います。

　通信制大学では、ゼミや演習科目がないか限定的なため、専門集団に身を置き、研鑽することができないということもあります。人との交流を図るという目的も込みで、面接授業（スクーリング）には出かけていって欲しいと思います。

　卒業論文を作成する人は、そのときに初めて論文というものに接し、その書かれ方を知り、書き方を知るということも多いと思います。放送大学に関していえば、単位さえそろえば、卒論（卒業研究）を書くことなく卒業することもできます。しかし、できれば学部生のときに卒業研究を経験し、書く面白さや苦しさや作法を学ぶ論文作成も経験してから、大学院進学を目指すことをお勧めします。

※2012年度入試からは第一次選考が筆記試験で、その合否の結果、第二次選考の面接試問に進むようになりました。書類だけで門前払いされることもなくなり、筆記ができなかったのにわずかな望みをもって大学本部での面接に臨むことは解消されています。みなさんが受験する時は、事前に確認してください。

放送大学大学院に合格！
徳島から千葉の本部へは……
千葉
徳島
ちょっとリッチに飛行機通学
JAL
ゼミと懇親会後は気楽にホテルで
帰りの時間
気にしなくて
いいから
ラクだわ〜
ABA HOTEL
だけど恐怖は後からやってくる……
6万円！
クレジットカード
請求書
そこで、ネットで探してみると……
あ、往復で
1万6千円？
安いぞ！
0泊3日の弾丸ツアーを発見
高速バス
事故のため
10kmの
渋滞です……
のろのろ
イライラ
散財の飛行機か
体力の高速バス
どちらにしても
キツイです〜

©ぼうごなつこ

第8章 システムエンジニアが
　　　　趣味で労働経済学を学んでみた

木村知洋（きむらともひろ）
システムエンジニア

1989年	日本大学文理学部応用数学科卒業　理学士
1992年	慶應義塾大学経済学部（通信教育課程）卒業　学士（経済学）
2000年	中央大学法学部（通信教育課程）卒業　学士（法学）
2003年	産業能率大学経営情報学部（通信教育課程）経営情報コース卒業 　　　　　　　　　　　　　　　　　　　　　学士（経営情報学）
2006年	産業能率大学経営情報学部（通信教育課程）産業心理コース卒業 　　　　　　　　　　　　　　　　　　　　　学士（経営情報学）
2007年	日本福祉大学福祉経営学部（通信教育課程）卒業　学士（福祉経営学）
2007年	大学評価・学位授与機構　学士（経営学）取得
2008年	大学評価・学位授与機構　学士（商学）取得
2008年	大学評価・学位授与機構　学士（社会学）取得
2009年	大学評価・学位授与機構　学士（文学：歴史学）取得
2009年	**京都産業大学大学院経済学研究科（通信教育課程）修士課程修了** 　　　　　　　　　　　　　　　　　　　　　修士（経済学）
2010年	放送大学在学中

国鉄の運転士を目指していた高校時代

　私は、東京にある私立の昭和鉄道高等学校運輸科の卒業です。高校入学時、私は当時の国鉄の運転士になることを夢見ていて、高校生活といえば、駅員のアルバイトばかりをしていた鉄道少年でした。

　その駅員のアルバイトを通じ、仕事の厳しさもずいぶん経験させていただきました。高校生だから世間知らずなのは当然といえば当然ですが、自分はいかに世の中のことを知らないかを痛感したのです。

　さて、私が高校を卒業する頃、つまり1984年頃は当時国鉄の採用が当面停止になったことと、不景気で高卒の就職難だったこともあって、大学へ進学することにしました。

　私は軽々しく「大学へ進学することにした」といいましたが、実は「運輸科」という、高校の特殊な職業科では、一般的な大学の受験科目に相当する科目が開設されていないこともあって、基礎から独学で学ばなければならないという大きなハンデがありました。

　大学を受験するということは、入試で通用するレベルまで高める必要があるため、とても苦労しました。当たり前のことですが、大学で学びたいと思っていても、入学試験に合格しなければ学べないのですから、大学で学べるということは、とても恵まれたことだと思います。

　ちなみに、当時から新聞の広告などで通信制の大学の存在は知っていました。入学試験を受けなくても入学できて正規の大学生となれるのですから、入試に苦労している者としては選択肢の一つに入れていたものの、やはり通信制の大学は避け、通学課程の大学を選択しました。

　親が学費を出してくれることもありましたが、大学受験を意識し始めていた頃から、高校の授業をあてにできず、基礎から独学で勉強しなければならない大変さを知っていたからです。大学は高校よりも上位の学校ですから、今よりも難しい勉強を、自分の力だけで、あと4年もやらなければならないと思うだけで背筋が寒くなり、続けて行くだけの自信がなかったのです。

第4志望の大学に合格

　私はいくつかの大学を受験しましたが、第1志望から第3志望まで不合格で、やっ

と第4志望の日本大学に合格しました。ただし、もともと入学したい大学しか受験していなかったので、不満は全くなく、むしろ運輸科卒の私に学習する機会を与えていただいたのですから、最初の大学には特に感謝しています。

　そういう経緯もあり、授業をサボる同級生が多い中、大学では授業にばかり出ている変な学生でした。4年次も含めて年平均18コマ（全て通年の授業）くらいの授業を取っていた記憶があります。

　大学を卒業してから無難に金融機関へ就職したのですが、経済に関する知識をもっと得たいと思ったため、私は通信制の大学に通うことにしました。私が日本大学を卒業して10年間は、通信制の大学院は存在すらしておらず、慶應や中央をはじめ、産業能率大学などの学位記を手に入れるため、頑張っていました。

大学院進学は家族や友人たちの影響

　実は、最初の大学、つまり日本大学在学中から、漠然とですが大学院に進学してみたいという希望はありました。母親が大学院修了だったこと、叔父2人も大学院へ行っていたため、大学院へ進学すること自体は、それほど縁遠い存在ではなかったこともあります。

　また、産業能率大学に在学していたときの数多くの友人・知人が大学院に進学しており、「木村さんは、長いこと産業能率大学にいるのに、なぜ大学院に進学しないのですか」という事も何度も言われました。実は産業能率大学の通信教育課程については、2001年に入学し、2003年に卒業、その後1年間は同大学の科目等履修生として学習を続け、さらに2004年に再度入学して2006年に卒業しています。つまり産業能率大学では在学が5年間と、比較的長かったのです。この他、学位授与機構などを含めて、経営系の学士を複数（経営学、商学、経営情報学、福祉経営学）持っているため、いまだに「なぜMBAを取らないのか」と問いただされることがしばしばあります。

　親族に大学院進学者がいたことや、学生や職員に言われたことなどが複合して、大学院の道を迷っていた私の背中を押したのかもしれません。

大学院は修了してこそ価値がある

　私は社会人ですから、基本的には仕事を優先する立場にあります。しかし、大学院

へ行くからには、何としても修了したいという気持ちがあります。
　修了するにはどうすればいいのか、以下の3つの条件が整うことが必要だと考えています。

1. 修了できる学習システム

　私の仕事はSE（システムエンジニア）という性質上、夜間大学院に通えません。仕事の繁忙期には、どうしても毎日残業をする必要が出てきます。このため、平日の夜間に定期的に大学に通うことなどはまず困難です。

　また、仕事柄、お客様先で作業をすることも多く、作業場が頻繁に変わります。このため入学時点では大学と職場が近くても、半年後には職場から大学には通えない距離になっていることもありえます。つまり、時間と場所の両面から平日の通学は困難です。

　夜間大学院に行けないとすると、残るは従来型の昼間の大学院、週末授業を主とした大学院か通信制の大学院しかありません。金銭的にも目処がつき、就職や職場の待遇などについて何らかの見返りを期待できるのであれば、昼間の大学院に進学するのも良いと思います。しかし私の場合、学習に直接的な見返りを求めていませんし、やはり仕事が最優先です。また、昼間の大学院に行くほど金銭的に余裕があるわけではないので、今の仕事を続ける限り、昼間の大学院は選択肢から外れます。

　週末授業を主とした大学院は、名古屋商科大学大学院MBAプログラムがありました。ここは東京でも授業を受けることが可能です。しかし、2年間通うとなると約280万円かかります。私はそこまでの学費を工面する余裕がなかったので、選択肢から外しました。

　他にも週末授業を主とした大学院はあるかもしれませんが、私の場合、時間的な制約と金銭面から入学するとすれば必然的に通信制の大学院になります。

2. 自分が学びたい分野・科目

　「通信制の大学院が今の自分に合っている」と判断したものの、2003年当時、通信制の大学院には、自分が研究したい学問分野がありませんでした。母校である日本大学大学院（通信制）や、放送大学大学院の入学案内を取り寄せたこともありましたが、私にとってはしっくりくるものがなかったのです。

これらの大学院では、当時、特定の分野を深く学ぶと言うよりは、幅広く浅く学ぶ構成になっており、何となくそれが自分には合わないと考えたのだろうと自己分析しています。
　また、佛教大学大学院（通信制）についても社会学研究科に興味を持ってはいました。今でこそ大学評価・学位授与機構の学士（社会学）を授与されるまでになりましたが、当時は社会学を専攻にできるほど社会学を学んでいなかったのです。
　自信の無い分野で専門的な学習をするというのは、さすがに困難だと感じたので、大学院進学を検討するには時期尚早と感じてしまいました。

3. 適度な学費

　2006年のある日、インターネットをいろいろと見ていたら、京都産業大学大学院の経済学研究科に通信教育課程ができることを知りました。これを見た瞬間、「経営学」ではないけれど、「経済学」ならやっても良いなと感じました。
　しかも学費が魅力的だったのです。入学金含めて2年間で約78万円です。国立の東京大学大学院も2年間で約136万円かかることを考えれば、この京都産業大学は破格でしょう。
　ちなみに、同じ通信制でも、中央大学通信教育課程の場合、3年次編入学であれば、学部の卒業までにかかる学費は2年間で24万円です。同じ2年間でも、3倍くらいの開きがありますが、通信制の大学院は、通学課程と同等の学費がかかるところが多く、京都産業大学大学院はむしろ安い部類に入ります。
　当時の初年度納入金は約46万円。決して安い学費ではありませんが、社会人ですから、何とか捻出できる金額です。そこで、京都産業大学について調べ始めることにしました。

京都産業大学を志望してみて

　京都産業大学は、通信制で、かつ私が慶應で学んだ経済学が学べ、そして学費も安い。
　また、京都という場所は、歴史のある学生の街という変な憧れもあって、いつかはこの土地で学びたいという気持ちがありました。ゲシュタルト療法で言うところの未完の行為を達成できるとても良い機会でもあったのです。

京都産業大学入学式（2007年4月2日）

　ただ、正直なところ、「京都産業大学」という大学は、この機会に初めて知りました。今でこそノーベル物理学賞を受賞した益川敏英教授の在籍している大学として知られていますが、生まれも育ちも東京の私にとって、当時の関西地区の大学の事情はほとんどわかりません。それでも、インターネットで調べたところ、歴史もあり、特に怪しげなところも無かったので入学を決めました。

　私にとっての京都産業大学大学院は、スクーリングが年間2回、各2日間と言うのも好都合でした。通信制の大学院では通信制の大学とは異なり、文部科学省の規定ではスクーリングは必須となっていません。従って、スクーリングについては各大学院が自主的に設定しているに過ぎません。このスクーリングの負担が比較的軽いというのも魅力でした。勤務先の繁忙期に当たらなければ、そしてたった2日間であれば、平日でも休暇を取れば何とかなる範囲だったのです。

　参考までに、入学試験から修了までに京都へ行く必要があるのは、入学試験、スクーリングは2年間で計3回、研究成果中間報告会、口述試験の合計6回です。スクーリングについては2回くらいが平日でしたが、その他は土曜日か日曜日だったので仕事をあまり休まずに済みました。入学式と修了式の参加は自由です。

　また私は日本史が好きだった事もあり（歴史学で学士（文学）も取得済み）、スクーリングのついでに京都観光もしてこようという下心もありました。京都ならいくらでも名所・旧跡がありますから、4回では見尽くすこともありません。このため、スクーリングで京都へ行くのはとても楽しみでした。

京都産業大学大学院の入学試験

　本論に入る前に述べておくことがあります。近年の大学院には大きく分けて、従来からある研究型大学院と専門職大学院を初めとする実務型大学院の2種類が存在します。このいずれに属するかで、大学院の入学試験対策は異なります。

　研究型の大学院は、経済学など特定の分野を学部で学んできた事を前提に、その研

究をさらに深めるところです。すなわち、学部の学習との連続性が求められ、原則として学部の時の指導教員に、大学院での指導もお願いすることになります。従って、大学院の入学試験で面識のない先生に、いきなり指導をお願いするのは本来あり得ないことです。

　京都産業大学大学院は従来からある研究型の大学院を基本にしています。しかし、社会人を入学対象としているため、大学院の入学試験で面識のない先生に、いきなり指導をお願いすることが可能なのです。事実、私もその一人でした。

　さて京都産業大学大学院の入試は、1次選考と2次選考に分かれています。1次選考は書類審査、2次選考は面接です。1次選考での合格者のみ2次選考に進むことができます。

　つまり、記述式の入学試験は課されません。

1次選考

　1次選考では、志望理由と将来計画書、職務実績と研究経歴、研究計画書の3点をそれぞれ1000字以内で書きます。つまり約3000字を書く必要があります。私が受験したときには、1次選考でも数名が不合格になっているようです。記述式の入学試験が課されないということは、これらの書類が事実上の学力試験ということですから、しっかり書く必要があります。

　さて、これらの書類を書く前に、「決めること」と「調べること」があります。

　本大学院では、入学試験時点で指導教員を決める事を求められます。最終課題レポートの提出が必須となっているからです（最終課題レポートに代えて修士論文の提出も可能ですが、この場合、事前に申請し教授会の許可が必要になります）。このテーマは学生自身が決めます。私の場合、まずは専攻分野を決め、その中で指導教員を選ぶことになります。

　ほとんどの分野では該当する教員が1名しかいないので、必然的に指導教員の候補が決まります。

　指導教員の候補を決めたら、その先生の経歴や業績をインターネットなどでよく調べます。残念ながら私は読む時間をとれませんでしたが、その先生の執筆された論文や著書を取り寄せて、事前に読んでおくことをみなさんにお奨めします。また、その先生が得意とする外国語も知っておくと良いと思います。私の場合、労働経済学を専

攻しましたが、一口に労働経済学と言っても分野が広く、どの分野を専門とされているかを知っておく必要があります。自分が希望する最終課題レポートのテーマを、その先生が指導可能かどうかを見極める必要があるからです。

　もし最初のテーマ案では、指導が難しいと先生が判断した場合、最終課題レポートのテーマをその先生の得意分野に近いところで行うようにテーマを変更する工夫も必要です。例えば、英国経済に詳しい先生なら、単に日本のことを述べるだけではなく、英国と日本の比較を行うなどが考えられます。指導教員の得意分野で勝負すれば、有益な助言を多数得られ、得られるものも大きいように思います。

　京都産業大学では、1人の指導教員は、原則として1学年で1人の学生しか採りません。したがって、特定の指導教員に志願者が集中すると、その分野だけ競争倍率が高くなります。実際のところ、中小企業論など特定の分野に受験生が集中する傾向にあるそうです。ちなみに、私が出願した時には第2希望まで指導教員の希望を出せました。

　もし可能なら、大学院事務室などを通して、指導教員候補と事前に会い、最終課題レポートのテーマのすりあわせをしておいた方が良いかと思います。全く面識のない先生に指導を受けるのは学生側も不安ですし、先生の方も不安なものです。特に大学院では、指導教員から少人数で指導を受けるため、指導教員と相性が悪いと学習を続けることも困難になります。私の時には出願まで時間がなく、残念ながら指導教員候補と会う事まではできませんでした。

　京都産業大学は経済学を、経済学部等で学んできた人を受け入れることを原則としています。私の場合、慶應の通信教育課程で経済学部を卒業しているので、この点は問題ありませんし、志望理由と修了後計画書では、経済学を更に深く学びたいという気持ちを訴えました。

　しかし、経済学部以外の出身者が受験する場合は、なぜ学部ではなくいきなり大学院を志望するのかについても明確に述べておく必要があると思います。具体的には、「外国語学部出身ではあるが、銀行に勤めており経済には精通しており、経済学について基礎的な知識を有している」とか「文学部出身ではあるが、高校で社会科の教員をやっていて、経済学について基礎的な知識を有しており、上級の教員免許を取るため」などがあります。

　また、京都産業大学大学院で学びたい理由についても、書けるなら書いておいた方

が良いかと思います。私は正直に、京都の大学生になりたいからと書きました。
　要するに、「私はしっかりした目的を持って入学を希望しており、ちゃんと修了しますから入学させてください」という主張が通れば良いのだと思います。

2次選考
　1次選考に合格すると、2次選考に進めます。2次選考は面接のみで、京都産業大学のキャンパスで行います。2次選考は社会人に対する配慮がなされていて、土曜日に行います。筆記試験ではないので、試験対策らしきことは、特にやることはありませんでした。
　ただ、1次選考の時に提出した志望理由と将来計画書、職務実績と研究経歴、研究計画書の3つの書類を良く読み直して面接時に矛盾ないように答えることが大切だと思います。もし、提出した書類の内容に補足したいことや、提出後に研究計画書をさらに詰めているならば、それは面接時に話しておいた方が良いと思います。また、願書提出時までに指導教員の論文等を読めなくても、面接時までには読んでおくことが好ましいと思います。
　私が面接で聞かれたことと、回答したことは以下の通りです。
　「経済学部を卒業してだいぶ年数がたっているが、経済学未修者向けの経済学入門を受講する必要はあるか」→「私：本を1回読めば思い出せると思うので不要です」
　「統計学はできるか」→「私：日本大学で統計学のゼミにいたのでできます」
　「英語の原文は読めるか。TOEICなどを受けているか」→「私：TOEICなどは受けていませんが、心理学分野で市販の書籍の翻訳を30ページほど手がけた事があるので、読むことには問題ないと思います」
　この他、最終課題レポートのテーマについての質問を受けました。これらの質問は、時間にして約20分程度だったと記憶しています。
　面接は教員3名に対し、入学志願者1名で行います。教員は、指導教員、経済学研究科長が含まれていました。面接試験は終始なごやかな雰囲気で行われました。
　私が入学した時（2007年度）の最終合格者は6名、うち入学者は4名でした。

金銭面での「工夫」は交通費や滞在費
　学費を含め金銭面については、先にも述べたとおり支払い可能な大学を選んでいた

ので、特に問題はありませんでしたが「工夫」はしました。

入学式の出席は必須ではありませんが、私は出席しました。私は東京在住ですから、わざわざ京都まで行くのは無駄のように見えます。しかし、自分が大学院に入学したということを改めて認識するために式に参加したのです。入学式は平日に行われますが、時間をうまく使えばわずか1日の滞在で済みます。日帰りでよいということであれば、学割を使うよりもJR東海ツアーズの「日帰り1day京都」を使えば安く東京・京都間を往復できます。当時、往復で通常26,640円が19,800円になります（時期によって料金の変動あり）。

この他、大学院への「通学」は、いかに交通費や滞在費を安く抑えるかについての計算でした。なにしろ私は高校の運輸科卒で、国鉄に就職したかったくらいの鉄道ファンですから、こういう工夫はとても楽しいですね。

ところで、2010年度から京都産業大学では奨学生制度（学費部分の2割補助）も開始され、また厚生労働省の教育訓練給付制度の対象講座にも指定されています。また長期履修制度もあり、3年間在籍しても2年分の学費で済む制度もあります。これらをうまく活用することで、さらに安い学費で学ぶことも可能になるでしょう。

人間関係は薄いので孤独との闘い

通信教育の場合、指導教員がいるといっても、基本は独学です。教員や他の学生との関わりが大変薄く、まさに孤独な作業でした。通学課程では友人にちょっと聞けば済むことが、通信制ではなかなか聞けないなど、この孤独との闘いこそ、つらいのです。

ただ、私は今までに通信制の大学を経験していて、学生会に所属したり、スクーリングやゼミなどで友人を作っていましたから、大学院の指導教員にこの事を伝えると、2年目の夏から交流会なるものを大学の事務がセッティングしてくれるように

経済学研究科では交流会が開かれるようになった

なりました。また、入学式の日と入学式の直近の土曜日には京都の本学で学習ガイダンスを行った後などに、教員や同期生・在学生と交流を持つ機会を設けてくれました。もちろん、実費相当分の会費は請求されました。

日々の学習でバテ気味になる

　京都産業大学入学までに、いくつもの通信制の大学を卒業した私ですが、さすがに大学院だけあって、いろいろ苦労しました。

　まず苦労したのはレポートです。科目にもよりますが、1科目につき1ヶ月で1本というペースでレポート提出がありました。つまり半期で6科目履修すると、毎月6本のペースでレポートを仕上げる必要があるのです。A4用紙で2～3枚書くことが多かったように記憶しています。こうなると、売れない作家と同じくらいの分量を書く必要が出てきます。

　それでも最初のうちは何とかこなせていたのですが、途中からバテてしまい、遅延気味になり、先生にお願いして締め切りを遅らせてもらった事もありました。幸運だったのは通信制大学院設置当初という事情もあって、期限は前期開講科目で7月とか9月とか、科目によってまちまちだったため、柔軟に対応していただけました。このことで何人かの先生方にご迷惑をおかけしてしまいました。これは大きな反省点です。

　ひたすら教科書を読んで、せっせとレポートを書いて提出をする。私の大学院生活の大半は、これの繰り返しでした。

　私の性格上、エンジンがかかるまで非常に時間がかかります。それでも、一度気合いを入れて教科書を読み出すと、結構楽しく読めたものです。特に経済学部在学中に理解できなかったことが理解できると、とても楽しい気分になるので、この快感こそがモチベーションだったと思います。

教科書はインターネット書店を多用

　京都産業大学では、教科書は市販の書籍を使います。したがって、書店などで入手しなければなりませんが、私はできるだけインターネット書店のアマゾンを利用していました。

　特に利用していたのは主に古本を購入できる「マーケットプレイス」というシステ

ムです。これはアマゾンのシステムを使って、主に個人が商品を出品しているため、新品よりもはるかに安く入手できるというメリットがあります。そして、そのメリットは、単に格安だというだけではありません。新品の本の場合、在庫がない場合は取り寄せとなってしまい、入手に時間がかかります。場合によっては在庫確認のために2～3週間程度の時間を要する場合もあるため、在庫を確認できる古本の方が、素早く入手できることもあったからです。

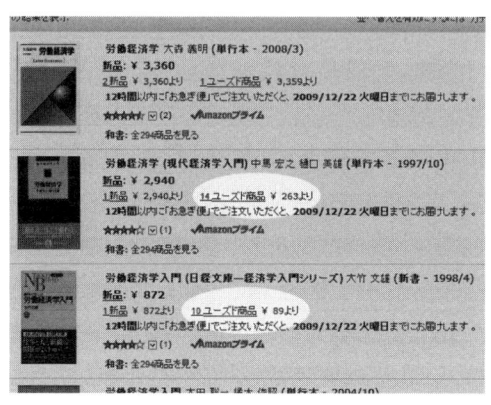

アマゾンでは新品と共に中古品も購入できる

手書きのグラフをメールに添付する方法

通信教育における日々の学習とは、レポートの作成と提出だと言っても過言ではありません。

そして、私の専攻の経済学におけるレポート作成では、無差別曲線、需要曲線、供給曲線などのグラフを作図する必要に迫られます。

しかし、レポートはEメールで提出するため、手書きはできず、必ずワードなどで作成する必要があります。これがものすごく面倒でした。エクセルなどを使えば、グラフは書けますが、これがまた結構な時間を取られます。1枚2枚ならエクセルやワードを使って綺麗に書けば良いのですが、課題によっては1つのレポートに10以上のグラフを書く必要が出てきます。こうなると、グラフを書くだけで疲れてしまうこともありました。

私の場合、グラフは手書きの方が楽でしたので、何とか手書きで済ませる方法はないかと検討したところ、手書きで書いたグラフをスキャナーで読み込み、ワードに貼り付けても良いことがわかったので、2年次からはこのようにしました。

最終課題レポートが最大の難関となる

大学院在学中、最も苦労したのは、普通の大学院では修士論文に当たる「最終課題

レポート」でした。ありがちな悩みですが、何をテーマにするかで迷ってしまって、なかなか書きたいことを絞りきれていなかったのです。そんな中、2年次の夏のスクーリングで、指導教員に、中間報告に向けて準備をするように指示されました。京都産業大学の大学院では、2年次の秋はスクーリングの代わりに11月に研究成果中間報告会を行います。最終課題レポートの締め切りは、年が明けてすぐですから、11月に中間報告をするということは、本来であれば既に半分くらいは書けていることを前提にした経過報告ということになります。

しかし、私はあまり絞れていない中で準備したため、かなり不出来な内容でした。お恥ずかしいことに、研究成果中間報告会の当日まで案を練っていた状態でした。ここで一応の方向性は出しましたが、かなり不出来な内容には変わりありませんでした。

今思うと、最初の研究計画を素直に深めておけば良かったように思います。せめて、迷うのは、1年次の終わりまでにすべきです。

指定された日（日曜日）に大学へ行き、研究発表は20分間、そして質疑応答が10分の合計30分程度で行います。パワーポイントの使用が可能だったので、利用させていただきました。

全体的な質問の場では、するどい質問をされることはあっても、過激な質問をされる先生はいませんでした。学生に配慮して下さったのだと思います。研究成果中間報告会終了後、指導教員や親しくさせて頂いている先生方から個別に建設的なご意見を頂き、最終レポートにつなげることができました。

不本意な中間報告会ではありましたが、研究成果中間報告会ではとりあえず先生方の批判をおそれず発表することだけはできました。この発表によって、多くの先生方からこの場を使って意見を貰うこともできました。自分にとっては耳の痛い話でもありましたが、それを糧として、最終課題レポートをより一層良いものに仕上げられるから、この試練は重要だと思います。

余談ですが、研究成果中間報告会後に京都駅前で学生だけで懇親会を行いました。この場での情報交換は有意義でした。単位修得をあきらめかけていた科目に関するヒントを同期生から得られ、無事に単位修得につなげることもできました。ちょっとした情報に助けられる事も少なくありません。

第8章 システムエンジニアが趣味で労働経済学を学んでみた

とにかく最終課題レポートを書きまくる毎日

　研究成果中間報告会後は、とにかく最終課題レポートを書き始めました。私は2年生の前期までに修了要件単位を満たしていたので、2年生の後期には最終課題レポートに専念できました。もちろん、最終的な締め切りまで、時間が無かったこともあって、悩む前に思いついたことを文章化する作業をしてみました。ブレーンストーミング的なやり方ですが、アイディアを逐一文字にすることで、次第に考えがまとまってきました。パソコンでレポートを作成する限り、文章の移動や切り貼りは容易ですから、とにかく書いてみることが大切と、身をもって確信しました。

　自分の考えがある程度明確になったら、とにかく仮説を立て、これを実際のデータを使って分析しました。私は主に総務省統計局のホームページからデータを入手し分析をしました。自分の仮説と分析結果を勘案し、それに関する論文や書籍を探しに図書館に何度か通いました。私は近所の公共図書館で済ませてしまいましたが、論文はやはり大学図書館に行く必要があります。このため、母校の慶應義塾大学図書館を使うこともありました。一定の手続きをすれば、卒業生の図書館利用を認める大学は少なくありません。自宅から通える範囲に少なくとも1カ所は、使うことのできる大学図書館を確保しておくと便利です。大学院では図書館の利用が、学習を進める上でとても重要な位置を占めるため、例えば放送大学の選科履修生に登録しておけば、各地の学習センターの図書室を利用できますから、他の学習センターや本部図書館の蔵書を請求したり、他大学の図書館への紹介状を書いて貰うことで目的の図書を閲覧できる場合もあります。

　さて、最終課題レポートは「法規制が与える労働市場への影響 ―女性保護規定と労働者派遣法を中心に―」というテーマで書くことにしました。過去に法律の学習をしたこともあり、経済学と法律学の境界領域を扱ったものです。狙った訳ではないのですが、執筆時期が、派遣従業員の不当解雇が社会問題化されていた時期でもあり、年末から年越し派遣村が話題になっていました。私のレポートも当然のことながら、製造業の派遣について扱っています。しかし連日報道される派遣のニュースの影響を見ていると、知らず知らずのうちにニュースの影響は受けていたようです。

　そして正月明けくらいに、何とか最終課題レポートの体裁を整え、指導教授のところにメールで送りました。指導教授が東京にいらしているときに、対面でいくつか指摘を受けました。指摘を受けて書き直しを行いましたが、提出期限が迫っていたた

め、最終的には指摘事項のうち、重要な箇所の修正に留めました。下手に手を加えると書き直し箇所が多くなりすぎて、提出期限に間に合わなくなるからです。

口述試問の当日に修了がほぼ内定する

　レポートを提出し、最終的な口述試問は、2月に京都産業大学キャンパスで行います。

　これも日曜日に行われました。審査委員は教員3名。指導教員が主査で、経済学研究科長ともうお一方が副査でした。面接官については事前にお名前が通知されます。この審査委員の前で30分の研究発表を行い、それに対する質疑応答が30分で、計1時間程度で行われました。やはりパワーポイントの使用が可能だったので、私は利用しました。

　質疑応答では、主に副査の先生方から質問を受けました。またこの場で、誤字や脱字、表現の不適切な箇所の指摘を受け、修正を指示されました。京都産業大学大学院では、製本はせずに最終課題レポートを提出するため、後日、修正を行い、差し替えが可能となっています。

　口述試問後、すぐに指導教授に呼ばれ、合格である旨を内々に教えていただきました。後日、正式な合格通知として「修了式出席の通知」が送付されてきました。

観光シーズンの京都は注意せよ

　苦しかったけれども、それなりに充実していた大学院生活でしたが、困ったことといえば、昼食と宿でした。通信制のスクーリングは通学課程が休みの期間に行われるため、学生食堂が休みのことが多いのです。近くに売店も少ないので、できるだけ駅などで弁当などを購入しておく必要があります。

　また、宿については、京都という場所柄、宿泊施設はいくらでもあります。しかし早い時期に満室

大学院で修士（経済学）を取得してみて

　２年間の苦しさから開放されたことと、修士になれたことは、ただ「うれしい」の一言です。しかし、私の場合、給料が上がるなどのメリットはありません。また入学当初から期待もしていませんでした。慶應義塾大学の時もそうでしたが、社会人が働きながら新たな学歴を手に入れても、上位の学位を取得しても、会社はほとんど評価してくれないことは覚悟していました。長い目で見れば、何らかのメリットはあると思いますが、即効性は期待できません。ただし、転職時の優位性はあると思います。

　私にとっては、修士を得てからよりも、修士を得る過程にメリットがあったと思います。在学中、ある先生の計らいで、学会の全国大会を見学するという貴重な機会に恵まれました。これを見学したことにより、学会の発表の仕方を学ぶことができたのです。また、授業を通して、苦しい中にもワクワクするようないくつも発見があり、私にとってはこれだけでも十分で、社会を経済学的見地から見るときの視点が広まったようには思います。

　また指導教員との会話も楽しく、指導教員とお酒を飲みに行くのが楽しみのひとつでした。多忙な中で指導をして下さった指導教員はもちろん、他の先生方や大学の事務の方、同期生・後輩には感謝の気持ちでいっぱいです。やはり、最初に感じた通り、私はこの大学院に行って良かったと心から思っています。

ブレない大学院選択法

　私は苦しみながらも、２年間で無事に修士を取得しました。

　これは本章の冒頭に申し上げた通り、「1. 修了できる学習システム」、「2. 自分が学びたい分野・科目」、「3. 適度な学費」の３点には一切の妥協をしなかった事です。これは、大学院でも何度かスランプに陥った私でも、最後までやり遂げることのできた理由だと思います。

　私自身、慶應義塾大学の通信教育課程では、かなり仕事を犠牲にしたことがありました。スクーリング出席のために長めの休暇を取り、卒業論文指導や口頭試問が平日だったため、やはり仕事を休まなければなりませんでした。このような経験を踏まえ

て、なるべく仕事とお金に負荷のかからない範囲で大学院を探したのです。
　やはり私たちは社会人ですから、仕事をして生活もしていかなければなりません。仕事も生活もなげうって困難な道へ進むのも悪くはありませんが、やはり大切なものを失わないような学校選びをすべきではないかと私は思います。

京都産業大学大学院に合格
「労働経済学」で修士を目指します
合格
高校は運輸科を卒業し、もともとは国鉄に就職したかったくらいなので
スクーリングは新幹線
もう時刻表などなくても大学まで余裕で行けます
JR 京都
きたおおじ
北大路
修了試験も新幹線
そして、きっちり2年で修士(経済学)を取得しました
修士
そして京都の観光も鉄道中心
2001
できれば次は、博士(鉄道学)を目指してみたいですな
実際は経済学の中の「交通論」かな？

©ぼうごなつこ

第9章　専門学校出身、博士（看護学）をめざす
　　　　大学通信教育大好きナース

宮子あずさ（みやこあずさ）
看護師

1984年　　明治大学文学部文学科日本文学専攻中退
1987年　　東京厚生年金看護専門学校修了
1996年　　武蔵野美術大学短期大学部通信教育部
　　　　　　デザイン科グラフィックデザイン専攻卒業
2000年　　産能大学通信教育部経営情報学部経営情報学科（通信教育課程）卒業
　　　　　　　　　　　　　　　　　　　　　　　　　　　　学士（経営情報学）
2001年　　中央大学通信教育部法学部法律学科中退
2003年　　明星大学人文学研究科　教育学専攻修士課程（通信教育課程）修了
**　　　　　　　　　　　　　　　　　　　　　　　　　　　　修士（教育学）**
2007年　　武蔵野美術大学造形学部通信教育部芸術文化学科造形研究コース中退
2007年　　日本大学通信教育部文理学部文学専攻（英文学）中退
2008年　　武蔵野美術大学造形学部通信教育部
　　　　　　デザイン情報学科コミュニケーションデザインコース中退
2009年　　東京女子医科大学大学院博士後期課程看護職生涯発達学専攻　在学中

第9章　専門学校出身、博士（看護学）をめざす大学通信教育大好きナース

趣味の大学通信教育

　この原稿を書いている2009年11月、私は家からほど近い精神科病院でアルバイトをしながら、看護学博士を目指して、大学院で学んでいます。

　常勤の看護師として働き続けた22年は、私を信じられないほど勤勉にしてくれました。今は大学院に行くのは週に1〜2日程度。本当は余裕があるはずなのですが、ついつい仕事を入れてしまうのです。おかげで完全オフは週に1日のペース。来年以降は、研究活動を本格化させるため、フリーの時間を作る予定です。3年で博士をとるには、2月いっぱいには研究計画書を仕上げ、研究に着手するのが理想なのです。

　それにしても、去年の今頃はまだ、自分の人生が今の形になるとは、考えてもいませんでした。私が前の勤務先に就職したのは、1987年4月です。看護専門学校を卒業したばかりの新卒で、なんと23歳だったんですよ。この写真は看護学校3年生の時。通学に使っていた愛車のCB750Fとのツーショットです。こうしてみると、当時からちょっと妙な学生だったような気がしますねえ。こんな私を22年雇い、管理職にまでしてくれた病院には、今も足を向けて寝られない気持ちです。

　ちなみに、私は大型バイクの免許を実地試験で取った世代で、この難しい試験へのチャレンジが、その後の大学院入試では、大きな支えになりました。「あの試験にも受かったんだから」と思うとがんばれた。バイクに乗らない夫と結婚したこともあり、今ではオートバイには乗っていません。しかし、たとえ過ぎ去った体験でも、人生何が伏線になるかはわからないものです。試験になると沸き立つライダー魂。本当に人生に無駄は一つもないんですね。

　思えば大学通信教育に熱を入れ始めたのは、オートバイを降りた時期とほぼ重なっています。私

看護学校3年生の時

は都立高校普通科を卒業後、明治大学の文学部に進み、そこを中退して東京厚生年金看護専門学校に進学しました。新卒で実習病院であった東京厚生年金病院に就職したのですが、30歳頃、看護研修学校への進学を勧められた時、「看護以外のことを勉強したいな～」と思ったのが、最初の大学・武蔵野美術大学短期大学部に入ったきっかけでした。その後いろんな大学に入ったり出たりを繰り返した「戦績」はこの通りです。

　この7戦4勝3敗の成績をどう見るかですが、中退はいずれも、次にやりたいことが見つかったのが最後の一押しになっています。これは、大学通信教育のバリエーションが増え、働きながら学びやすいシステムが整ってくるにつれて、押さえようのない目移りとも言えます。また、実際入学してみて初めてわかる、スクーリングのとり

入学した大学通信制大学とその結果

学校と経過	結果
武蔵野美術大学短期大学部通信教育部デザイン科グラフィックデザイン専攻 1993（平成5）年4月～1996（平成8）年3月卒業 卒業制作「看護雑誌三誌の表紙デザインと創刊告知ポスター」（優秀作）	卒業
産能大学通信教育部　経営情報学部　経営情報学科［科目等履修・3年次編入学］ 1996（平成8）年4月～2000（平成12）年3月 卒業論文「看護婦のストレスマネージメント―臨床看護婦にとって有効なカウンセリングのあり方を探る―」	卒業
中央大学通信教育部　法学部　法律学科［3年次編入学］ 2000（平成12）年10月～2001（平成13）年3月	中退
明星大学人文学研究科　教育学専攻修士課程（通信教育課程） 2001（平成13）年4月～2003（平成15）年3月 修士論文「看護職の生涯教育において大学通信教育が果たしている役割―大学通信教育注で学ぶ看護職の実態調査から」	修了
武蔵野美術大学造形学部通信教育部芸術文化学科造形研究コース［3年次編入学］ 2003（平成15）年4月～2007（平成19）年3月卒業 卒業研究「現代における万年筆の価値と手書きの意味　――　質問紙調査結果と個人的体験より」	卒業
日本大学通信教育部文理学部文学専攻（英文学） 2007（平成19）年4月3年次編入学　2007（平成19）年11月	中退
武蔵野美術大学造形学部通信教育部デザイン情報学科コミュニケーションデザインコース［3年次編入学］ 2008（平成20）年4月～2008（平成20）年12月	中退

づらさなどといった問題もありますから、困難と判断したら深追いしないのも、卒業する秘訣と割り切って良いと思います。

今から大学通信教育で大学を卒業してから、大学院を目指そうと考えているのであれば、新設の大学の方が、働きながら学びやすい工夫がされている傾向があることも、併せてお考えください。

予想しなかった退職を決意するまで

こうした学習歴を経て、私は今通学制の大学院に通う身となっているわけですが、ここに来るまでには、人生の急展開がありました。身の上話と言えばそれまでですが、社会人が心機一転学生に戻ろうと思うには、さまざまな事情があるものではないでしょうか。人生学んでおけばなんとかなるものだという実例として、お読みいただければ幸いです。

2008年の12月初めのある日。私は上司に呼ばれ、スタッフ時代から13年を過ごした精神神経科の病棟からの異動を命じられました。私が勤務していた病院は、いわゆる総合病院で、スタッフは通常数年で病棟を異動するのが通例です。そんな中、私は内科病棟に9年いた後、13年間神経科。その合間に緩和ケア病棟の開設と管理にかかわった数年はありましたが、とにかく異動が少ないまれな例だったのです。これは私に希望ではなく、病院側・病棟側の事情でした。私自身は行けと言われればどこにでも行こうと思っていたのですが、前後の年代がいなかったり、管理職が足りなかったりで、結果として、13年同じ病棟にいたわけです。

異動自体は時期と思っていたので、即決で了承しました。しかし、元の病棟の引き継ぎや新しい病棟の運営などについて、具体的に話が出る内に、私は管理職になって以降胸にくすぶり続けていた悩みが、急激に深まっていきました。その悩みとは、「今のような形でスタッフを働かせ続けて良いのだろうか」という、非常に根本的な悩みだったのです。長年共に働いてきたスタッフとの関係があればこそ、私はこの悩みを自分の中で押さえられたのでした。その重しがとれた時、まさにパンドラの箱が開いてしまったのです。

武蔵野美術短大での卒業制作

7年間看護師長として働く中で感じてきたのは、看護師として働くことが年々つらくなっている現実でした。私が就職した当時に比べて、人員は非常に豊かです。しかし、医療が進歩すればするほど患者さんの要求水準も上がり、安全管理その他さまざまな基準ができるにつれ、研修や会議、マニュアルなど直接患者さんとかかわる以外の業務が、非常に増えてきます。結果として、現場は後輩をゆっくり育てるゆとりはなく、人は育たず、ベテランは疲弊する。そうやってやめていくスタッフを見送るのが、私には本当につらくてなりませんでした。「本当に、こんな働き方・働かせ方しかないのかな……」この思いが言葉になった時、私は、もうここでは管理者として働けない、と心が決まったのです。
こう決めた背景には、私がしているもうひとつの仕事も強く影響していました。私は看護師として働きながら、看護雑誌を中心に文章を書いています。そこにあるのは、看護師が働きやすい状況を作っていきたい、という思いであり、そのポイントは、看護師同士の人間味ある連帯感だと考えています。
　今はかなり良くなったとは言え、看護師はそのまじめさゆえに、同業者に厳しく、「足りないところをびしびし指摘するのが教育だ」と考えやすいようです。背景には、自分の不完全さを認められない、自信のなさがあるのだと思います。こうしたバランスの悪さゆえに、不安な状況になればなるほど、「もっとがんばらなくちゃ認められない」とがんばり、やがては「がんばらない人が悪い」とさらに人に厳しくなってしまう。しかし、人間は、その存在を肯定されなければ、がんばれないのではないでしょうか。ほめられるできではない人でも、日々の労働はねぎらわれるべきだし、北風より太陽が、私の信念。このような私の、書き手としての立場が、退職の最後の一押しになりました。
　理想と現実は異なるもので、これは学ぶ体験にも言えることでしょう。学んだ通りのことが現場で行われているとは限りませんよね。私の場合もこれと同じで、現場で働きながら発言する以上、言っていることとやっていることのずれは、覚悟していたのです。けれどもそれは程度の問題。もうここが潮時だと、覚悟を決めました。ここまでずれると、自分の書き手としての良心が許せない。決して唯々諾々と状況に流されてきただけでもなく、現場での闘いも、もう矢尽き弓折れの感がありました。
　決意を話すと、常に私を職場にとどまるよう勧めてくれた夫が、「もういいんじゃない？　あなたが大事にされていないよね」と背中を押してくれたのです。行きつけ

のラーメン屋・西荻窪の青葉でラーメンをすすりながら、私はもうここにはとどまらないと決めていました。2008年12月10日のことです。

恩師と呼べる人がいる幸せ

　退職を決めた時点で私は、4月からすぐに常勤で働くつもりでいました。私にとって常勤で定年まで働く以外の人生は、本当に考えられなかったのです。決めていたのはひとつだけ。「まさに予期しなかった退職。ならば退職しなきゃできなかったことをやろう」ってことでした。

　最初に決めたのは、精神科病院で働くこと。さっそく私はネット検索をし、いくつかの精神科病院を候補に挙げました。そして、直後の週末にあった転職フェアに候補に挙げた病院が出ているのを知ると、迷わず会場へ。目当てのブースで「46歳でも常勤で雇ってもらえますか」と尋ねてみたところ、「問題ありません」と回答をいただき、まずは路頭に迷うことはないと胸をなで下ろしたのでした。

　こうして着々と次の人生を考えつつ、私はこの22年間お世話になった何人かの方には、早めのご報告を始めました。また、精神科病院で働いている友人・知人にも、いろいろ情報をいただきました。何しろ、就職22年にして、初めての転職です。看護学校の実習病院にそのまま就職したので、他の病院はまったく知りません。この過程でいただいた情報やアドバイスが、どれほど役に立ったことでしょう。

　まず私が連絡したのは、看護学校の恩師・S先生です。若い内に大学の二部を卒業し、その後教務部長の重責を果たしながら、大学院の修士課程を修了されました。昨年3月定年後は、博士課程に進学なさっています。働きながら学ぶ人生をまっとうされている恩師の意見を、是非聞いてみたいと思いました。

　電話で退職を決めたと話すと、先生は本当に淋しそうに、退職そのものを考え直せないのか、とおっしゃいました。これは本当に堪えましたね。でももう、気持ちは戻りません。そう告げると、私の性格を熟知している先生は、それ以上は押さないんですよ。申し訳ない気持ちが募り、受話器を握りながら私はポロポロ泣いてしまいました。

　そんな私に先生は、こんなアドバイスを下さいました。

　「どうせ辞めるなら、あなたじゃないとできないことをきちんとして欲しいわ。あなたはスタッフとして普通に働くと言うけど、あなたみたいに、師長経験のあるスタ

ッフって、使いにくいと思うわよ。あなたじゃないとできないことを、もっとよく考えたらいいんじゃないかしら」

　確かに。こちらがいくら役職にこだわらないといっても、雇い入れる側が私の経歴を意識するかどうかはわかりません。管理職経験者と言うだけで、敬遠される可能性もあるんですよね。いささか不安にはなりましたが、それは一瞬のこと。すぐに「先生は、もっと大きなことを考えろ、と励まして下さっているんだ」と、前向きに考えられたのです。「私が退職を決意したのは、単に現状への不満だけじゃないはず。自分がこうあってほしい、と思う状況に、すこしでも現状を近づける力をつけたかったからじゃないのか―」

　この時点で初めて頭に浮かんだのが、看護系の大学院への進学でした。そのことを話すと、先生はとても喜んでくださいました。恩師と呼べる人がいる幸せを、しみじみ感じました。

　常々私は、「自分のことは自分がよくわかっているとは限らない」と考えています。だから今回の決定に際しても、自分が人生の師と慕う何人かのＳ先生に相談をしました。Ｓ先生とあの日お話ししなければ、今の進路はなかったでしょう。

　余談ですが、看護専門学校には、働きながら学んだ経験を持つすてきな先生がたくさんいるんですよ。私は、専門学校を卒業生であることを誇りに思っています。この気持ちも、多くの人に伝えたいところです。

私が今の大学院に決めた理由

　こうして看護系大学院への進学を決めたのが12月13日。退職を決めた3日目から、私は夫と二人三脚での受験生活が始まりました。常に夫は私の人生をおもしろがってくれる最高のギャラリー。また、彼自身が通学制の大学院を出ているので、非常に具体的なアドバイスをくれました。

　ここまでの時点で、私は精神科領域の専門看護師になる道と、看護学博士をとる道との両方を考えていました。この時受験を考えたのは以下の2つの課程です。

日本赤十字看護大学大学院修士課程看護学専攻精神保健看護学領域
出願期間　　平成21年2月10日（火）～2月17日（火）
入学試験日　平成21年3月4日（水）

合格発表日　平成21年3月6日（金）
手続期間　　平成21年3月9日（月）〜3月16日（月）

東京女子医科大学大学院博士後期課程看護職生涯発達学専攻
出願期間　　平成20年12月15日（月）〜平成21年1月6日（火）（必着）
入学試験日　平成21年1月14日（水）
合格発表日　平成21年1月21日（水）
手続期間　　平成21年1月22日（木）〜平成21年2月6日（金）（必着）

　どちらの大学の募集要項にも、「出願前に必ず当該分野の指導教授と、今後の研究・教育内容について相談すること」（女子医大）という内容の一文がありました。この2つの課程を選んだのは、指導教授と面識があったからです。日赤ならば、精神看護専門看護師の道。女子医大であれば、看護学博士の道。どちらも私には魅力的でした。

　精神看護専門看護師になれば、精神疾患を持つ患者さんの看護に関するコンサルテーションの他、看護職員のメンタルヘルスにかかわる仕事をすることができます。精神科看護への興味と、看護職の支援の療法を実践する道が開けるでしょう。

　一方、佐藤紀子教授が開設した看護職生涯発達学は、看護基礎科学の範疇に置かれ、「看護基礎教育・看護継続教育・看護管理などの枠組みを越えて、看護職者としての発達、また看護職者集団としての発達に焦点を当てた創造的な研究を通し、看護職者の可能性や課題について探求し、生涯発達する存在としての看護職に貢献することを目的としています。」とあります。（女子医大のサイトより）こちらは、看護職が働きやすい状況を作りたいと願っている、私の問題意識にジャストフィットでした。

　ちなみに、私の最終学歴は、2003年の教育学の修士です。いきなり看護学博士を目指すのには、無理がある気もしました。ただ、看護職生涯発達学の方であれば、明星大での修士論文に重なるところもあるでしょう。ですから、こちらのコースならば、ちょっと背伸びをしてでも、博士後期課程から入ろうと思ったのです。

　どちらの課程を目指すにしても、すぐにアクションを起こす必要がありました。特に女子医大は願書の〆切が平成21年1月6日で、間に年末年始の休みがあります。まずはメールで担当教授に連絡を取りながら、戸籍抄本、卒業証明書と成績証明書

（看護学校、大学、大学院）などの必要書類を、さっそく集め始めました。

　夫ともよく相談し、私は最終的に志望を女子医大に絞りました。看護職が働きやすい状況を作りたいという夢に少しでも近付くためには、より幅広い視点からのアプローチが可能な、看護職生涯発達学がふさわしいと思ったのが一番の理由。プラス、佐藤紀子先生が私と同じように看護基礎教育を看護専門学校で受け、その後大学通信教育を経て、看護学博士をとっておられることも、大きな魅力でした。

　看護師になるための看護基礎教育には、大きく分けて専門学校、短期大学、4年制大学があります。いずれも看護師国家資格が取れる点は変わりませんが、大卒を優先して採用する病院が出始めてもいます。ただ、今は多くの病院で看護師不足。学歴での選り好みはできないというのが、現実ではあります。

　そうは言っても、やはり専門学校から大学へとシフトしていくのが、看護界の流れであるのは事実。私が看護専門学校に入った1987年には11しかなかった看護系大学が、今は180を越える勢いなのですから。「看護専門学校が主流だった時代に看護専門学校で学んだ看護師が博士をとる意味」は、未だ複数の養成課程が混在する時代だからこそ、大きいと思うのです。

願書と受験勉強

　ここからは、私が東京女子医科大学大学院看護学研究科博士後期課程看護職生涯発達学専攻に入学するために行った手続きや受験勉強の経過をお話しします。私が受験したのは博士後期課程ですが、女子医大の場合、前期課程も科目は同じでした。これからさまざまな大学の修士課程または博士前期課程への入学を目指す方にも、該当する内容があると思います。適宜参考にしてくださいね。

　担当教授・佐藤紀子先生との連絡はすぐに付き、さっそく2008年12月18日の当直明けに事前面接を受けました。ここでは研究計画などをお話しして、受験の可否を判断していただくことになります。私の場合、この時点では、何を自分が研究をしたいのか、明確になっていたとは言えません。それでも自分が退職を決めた理由に触れつつ、「こうあって欲しくない」と思ったこと、「こうあって欲しい」と思ったことを具体的に話し、「看護師が働き続けるために力を尽くす、その力をつけたい」と一生懸命話しました。

　2時間以上お話しし、結果的には快く受験の許可をいただきました。「とにかく、

年末年始は英語漬けになってがんばって。基本的な長文読解が必要です」と励まされ、ここからいよいよ受験勉強が始まりました。

　入学試験は、年明け1月14日。英語、専門科目、小論文の3科目です。英語を勉強したのは看護専門学校の入試以来25年ぶりかなあ。明星大の大学院入試は、英語はなかったんですよね。

　参考書は、恐怖に駆られていろいろ買いましたが、一番役に立ったのは、河合塾の英文読解参考書。『読み始め期の英語長文演習』から『読み込み期の英語長文演習』へと進み、英文に慣れつつ、文章の構造を理解できたのが、非常に助けになりました。専攻の分野を問わず、英文に慣れたい大人の受験生にはお勧めです。

　なんのかんのいっても、英文は少しでも多く触れるのが大事ですね。実際出た文章は、基本的な文章が読めれば理解できる内容。看護専門雑誌の英語論文も一応手を出したのですが、実際はそこまではいらなかった感じでした。ただ、これを読んでおいて良かったのは、辞書を引きながら、良く出てくる単語がわかったこと。辞書は持ち込みですが、慣れないと辞書を引くのも苦労でしょう？　一度引いた単語にマーカーを引くと、次に探す時に楽なんですよ。

　ただし、英語の勉強に集中できたのは、12月30日、入学願書を出してからでした。この願書が、思いの外時間がかかったのです。願書の内訳は、（1）経歴、（2）修士論文要旨、（3）研究業績調書、（4）研究計画書など。この内手書きで書くのは（1）のみです。あとは指定の用紙に打ち出せばよいのですが、用紙設定はかなりの緊張。手書きの経歴を書き損じ、12月27日の御用納めのぎりぎりの日に、1部余計に取りに行くことになってしまいました。

　また、同封する卒業証明書と成績証明書（看護学校、大学、大学院）は、すぐに手配できたものの、「成績証明書は厳封」の一文を見落とすチョンボが発覚。看護専門学校、大学院はデフォルトが厳封だったので大丈夫だったのですが、産能大学のものについて再度厳封を依頼して返送しなければなりませんでした。皆さん、文書は原則厳封で依頼しましょうね。本当に、青くなりました。

そして試験当日

　朝は、予想通り6時前に覚醒。いよいよ入学試験当日です。日程は、以下の通りでした。

受付	9：30～9：50
諸注意	9：50～10：00
英語	10：00～11：00
専門科目	11：20～12：20
論文	13：20～14：20
面接	14：30～

　当日は緊張しましたが、ここまでの学習を振り返り、「自分は十分にやった」と暗示をかけ続けました。改めて考えてみると、受験はずいぶん経験したものです。高校受験、大学受験、看護学校受験。この時は、本当に必死で勉強しました。私の年代は偏差値が幅を利かせた、共通一次の終盤の年代です。良くも悪くも受験勉強には慣れているのかも知れません。今回英語の勉強をしている時に、高校時代の参考書で見た記憶が蘇ったり、受験勉強の名残が、脳にこびりついているのを感じました。

　受験者は博士前期課程が8名で、博士後期課程は4名だったと記憶しています。試験の内容ですが、最初の英語は5問。看護に関しての文章がいくつか出て、細かく得点が稼げそうな印象でした。当初予想していたのは、ものすごく長い長文が1問出て、それをこつこつ訳す問題。案に相違して短く読みやすい文章で、予想よりやさしいと思いました。

まあ、これも勉強したから、余裕でできたと言えます。最初からなめてかかるのは、やっぱりまずいでしょうね。長文読解と看護系の論文に絞った学習は、結果として非常に良かったと思います。

　英語の次は専門科目。看護職生涯発達学専攻の試験問題は、「他職種との協働の現状について」の自由記述。そして最後の論文テーマは、「質的研究と量的研究について、その特徴を述べ、かつこの範疇に限らぬ新しいアプローチについて述べよ」というような内容。どちらも、なんの準備もしていなかったのですが、手持ちの知識でなんとか書けました。

　そして最後の面接では、佐藤紀子先生以外に2人の先生が同席して、いくつかの質問をいただきました。主に受験の動機と、研究計画書についての内容です。私が出した研究計画書は「臨床看護師がその人らしく働き続けるために必要な支援とは何か―看護生涯発達学の視点から（仮題）」というテーマで、看護管理者のありかたにつ

いて考えるものでした。

　ここで私は、「このテーマであれば、看護管理の視点から、システムを見直すアプローチも可能だったのではないか」というご質問をいただき、改めて自分のテーマを見直す機会になりました。この時の私の答えは、「システムよりも、そこで働いている人に焦点を当てたいから」。自分のやりたいことがさらに明確になった気がしました。

　また、ある先生は、「これまでにもあった問題が、今大きな問題と感じられるのは、あなた自身に変化があったからではないか」とお尋ねになりました。これもまた、実に的確に心に響き、なるほどなあ、としみじみ自分を振り返りました。

　話が弾んだ面接は30分程度で終了。すでに研究についてのご指導をいただいたような、すてきな気持ちになりました。そして、改めてここで学びたいと強く思いました。

合格。そして新生活へ

　1月21日の合格発表の日。午後半休をとって発表を見に行き、私の受験番号・103番を発見しました。人数を数えると、博士前期課程も後期課程も全員合格だった様子。やはり、事前に面接をし、取る気のある人を受けさせているから、合格率は高いのでしょうか。

　平成13年に私が明星大学の通信制大学院を受験した時は、受験者98人のうち合格者は43人。倍率は2.28倍でした。この時は事前面接がなく、誰でも受験できました。倍率は、大学によって実にさまざまです。

　振り返ってみると、受験に夢中になっている間は高揚感もあって、深く悩まなくて済んだのが良かったですね。合格発表後、総額120万円の初年度納入金を振り込み、入学手続きをとると、そこで一段落。退職という事実と向き合わなければなりません。一番つらかったのは、スタッフにぎりぎりまで言えなかったこと。病院で退職が公表されるのは2週間前で、それまではオープンにできないのです。

　長くいた部署なので、毎年の年度末は、異動に備えた整理はしていました。スタッフも、今度は異動かというようには、考えていたのではないでしょうか。普通に勤務をしながら、休日に新しい職を探したりするのは、なんとなく気持ちが晴れないことでした。

仕事はなるべく家から通いやすい精神科病院を選び、パートで採用していただきました。残り3ヶ月で、年度末のまとめをしつつ、さまざまな引き継ぎを準備。退職がオープンになってから、後任の方に引き継いで、あっというまに最終日になっていました。多くの人と別れを惜しんだ激動の2週間は、別れのつらさと共に、人の温かさを知った時間でもありました。

入学式にて。左から夫、佐藤紀子教授、私

　そしていよいよ新生活。新しい仕事は4月1日から始まり、入学式は4月6日でした。ようやく私は、東京女子医科大学大学院看護学研究科博士後期課程看護職生涯発達学専攻の1年生になったのです。

　これは私たち夫婦と佐藤紀子先生の記念写真。博士前期課程の入学生には、1人男性がいて、奥さまと一緒に参列していました。女子医大の大学院は、男女共学なのです。

　私は1年次で修得すべき6単位は、すべて修得しました。選択科目の倫理学特論、心理学特論。それに必修の看護職生涯発達学特論の、各2単位です。倫理学特論は医療倫理に関する講義とディスカッション。心理学特論は、英語文献のクリティークでした。受講者は私を含めて、倫理学特論が3人、心理学特論が1人。私だけしか受講生がいない心理学特論は、毎回英語文献を読んでまとめる予習が、本当にたいへんでした。

　ちなみに、英語論文を読むにあたっては、『英語文献なんて怖くない！』（中山書店）がとっても役に立ちました。私の実力では、英語論文を逐語で訳そうとすると永遠に終わりません。この本によれば、英語はパラグラフごとに最初と最後の2行くらいを読めば、なんとか文意がわかるらしい。試してみたら、確かにそうでした。

　一方、看護職特論は、佐藤先生との研究面接と、看護職生涯発達学専攻を学ぶ博士後期課程の学生が集まってのDゼミがメインになります。この他、看護職生涯発達

学関連の博士前期課程の科目も全て聴講し、前期は週に2〜3日程度は登校していました。後期になってからは授業が減り、2年生になってからは、ゼミと面接以外に登校する機会はほとんどありません。研究計画書もすでに審査を通過したので、今はいよいよ研究に本腰を入れる時期です。

修士論文と博士論文

　2001年、私が明星大学の通信制大学院に入ったのは、看護師が多く学んでいる大学通信教育が、看護師にとってどのような意味を持っているのか。それを明らかにしたかったからでした。これを明らかにするために私は、広く質問紙調査を行い、172通の回答から、結論を導き出しました。

　この時私が明らかにしたかったのは、以下のようなことでした。
(1) 看護職が大学通信教育で学ぶに至る主な動機はどのようなものなのだろうか。
(2) 大学通信教育で学ぶ看護職は、その体験をどのように自らの仕事と人生に生かしているのだろうか。
(3) 決して楽ではない勤務と平行して学習し、卒業まで行き着いた看護職は、どのような工夫をしつつ学び、意欲を持続させたのだろうか。

　そして、私自身の体験や文献学習より、以下の仮説を立て、とりあえず立証できたと考えています。

> 1. 学士取得により、昇進・昇格、昇級など待遇面の変化が期待できるのは主に教育職であり、臨床の看護師では大きな変化はない。しかし、そうした見返りがなくとも、大学通信教育の卒業は大きな達成体験であり、その後職業の継続に生かせるのではないか。
> 2. 現状で看護学部に通信教育課程がないため、次善の策として心理・福祉等看護に関連する領域の学部を選ぶ看護職もいる。単に学位取得という面からだけではなく、生涯教育という見地からも、看護系大学に通信教育課程を設置してほしいという期待は高いのではないか。

　後から見ると、論文の体裁などはもっと工夫が必要だったと思いますし、反省点満載のできではあります。ただこの時は、良くも悪くもやりたいことが本当にはっきりしており、入学願書で出した研究計画書と実際の修士論文の計画書は、大きく変わり

ませんでした。

　ところが今回の博士論文は、知りたいと思って調べていくそばから、また興味があらぬ方に広まり、テーマを絞るのに苦労しています。やりたいことがあったから入ったはずなのに、やりたいことがわからなくなっている自分ってなに？」って感じ。先が見えず滅入る日もありますよ。

　博士論文は、やはり自分がこれまで大事にしていたものを明らかにし、次の人生に進む足がかりになるものにしたいと思います。先の人生は、まったく未定。だからこそ純粋に、自分の知的好奇心に従って、存分に思考したいと思うのです。

　薬学修士である夫の母は、大学院入学に際して、総長から「大学院は勉強が好きで好きでたまらない人のくるところ」と言われたそうです。夢は、看護師が互いに支え合う状況作り。そのために、安易なまとめに走らず、思う存分学びたいと思っています。

　先に何があろうと、私は今、とてもハッピーです。

大学院かあ……

ううっ、どの大学院も入試に英語がある！

やっぱりTOIECを先に勉強すべきか予備校に通うべきか……

そうだ、宮子さんに聞いてみよう

宮子さーん！

やっぱり、宮子さんほどになると英語で長文読むのも簡単なんでしょうね

あら、そんなことないわよ

えっ、でも大学院の入試はどうしたんですか？

それにはちょっとしたコツがあってね

英語はパラグラフごとに、最初と最後の2行くらい読めばなんとかイミがわかるのよ

"Table 4 lists the adverse events that occurred in both groups,1 patient developed an infection of a 5-mm port site,which was treated by the patient's general practitioner with antimicrobial agent therapy.Four patients developed prolapse of gastroesophageal reflux,especially at night.All patients with this symptom were treated with laparoscopic revision.The lrngth of hospital stay for each revisional procedure was less than 24 hours,and no periopera-

あとはよく出てくる単語は辞書にマーカーすることかな。辞書持込みの試験のときに探す手間が省けて便利よ

de·nom·i·na·tor
[de.nóm.i.nə]
-[名][C]
1.[数]分母
2.共通の要…

なるほどー！

©ぼうごなつこ

第10章　留学中も稼ぎ、世界を席巻した北海道出身の建築家

渡辺治（わたなべおさむ）
一級建築士・工学博士・技術士

1983年	北海道大学工学部建築工学科卒業　工学士
1985年	**北海道大学大学院工学研究科建築工学専攻修士課程修了**
	工学修士
1986年	ペンシルバニア大学芸術学部建築学科修士課程修了
	(University of Pennsylvania)　　Master of Architecture
1986年	ボザール大学、ベニス大学サマースクール受講　（単位取得）
1991年	**東京大学大学院 工学研究科 建築計画学専攻 博士課程修了**
	工学博士
1991年	マンチェスター大学建築学科ポストグラデュエイト国際コース招待聴講
	(University of Manchester, International post graduate course in British Architectural design and practice.)
	Advance Post Graduate Certificate

今でも大学院に戻りたいと思うときがある

　私が大学院に籍を置いていた理由は、一般的なものとは違っていたのではないでしょうか。長い学生の期間は苦しくもあり、この上もなく楽しい時間でした。

　いろいろな大学で学んだ経験をもとに、建築設計事務所を開いてから10年間、イギリスのマンチェスター大学の専門家コースの事務局を勤め、何十人もの日本の学生を送り込み、勉強のしかた、大学の楽しみ方を伝授し、その大半がイギリスで修士を卒業しました。

　今、思い立って大学院に入る勉強をがむしゃらにして、たった数年間本気に勉強するだけで、一生食わしてもらえる。そして、一生楽しく仕事ができる。これが若い頃の勉学の意味かと思います。

　30歳を越えてから、10週間だけ、前記したイギリスのコースの手伝いも兼ねて受講させていただきましたが、一度仕事についてからの勉学は、これほど手応えがあり、また楽しいものとは思いませんでした。

　大人になってからの勉強はこの上もなく楽しいものです。この勉強する楽しさを、少しでも伝えればと、筆を持つことにしました。

学部の4年間では建築をやる決意が得られず大学院へ進学

　私が最初に入学した大学は北海道大学の理科系1類でした。理科系の1類は、物理系、建築、土木、機械などに、教養課程を経て、希望を出し、成績順に希望の専門課程に進めることになっていました。

　当時の興味事は、理論物理で、中学生の頃から天文バカと呼ばれるほどに没頭しており、迷いなく理論物理へと進学するはずでした。しかし、中学では音楽家、小学校では漫画家を目指してそれぞれ没頭していた私は、北大の教養課程で選択した図学演習の東弘孝先生の目に留まりました。先生から「理論物理学に進んだら、自分で天文台を所有できるのか」と問われ、また「絵がうまいのだから、建築家になって、自分で天文台を作ればよいではないか」とも言われ、なるほどと思って、いとも簡単に今まで考えたこともない、建築学科への進学を第一志望に変更しました。

　その当時、建築学科へは教養学部で、良い成績を修めている必要があり、建築学科を志望する学生は、極力少ない学科を選択し、集中的に勉強して、「優」の占める割合を多くして成績を良くするというのが普通でした。しかし、私の場合には、教養学

部で選択をする時に、もしかすると他分野の勉強を行う機会は一生で最後かも知れないと思ったため、可能な限り多くの選択科目を履修登録し、成績は悪くても卒業要件となる単位数の倍以上の授業を受講していました。

　おかげで試験の時には苦労しましたが、後悔はしませんでした。その甲斐あって建築学科には何とか進学できましたし、今考えると、その時に苦労した「政治学」とか「憲法」とか「政治史」、「社会地理学」などの他分野の勉学は、独立後に、いろいろなことを考える上で非常に助けとなっています。

　建築学科に進んだ理由が、上記のようなことだったので、進学できるまでは「建築とは光や熱などを扱う学問」という、物理の延長のような漠然としたイメージしかありませんでした。しかし、授業を受けて行くうちに、毎日、設計製図や構造計算などの課題に追いまくられ、多い時では1週間に5本以上のレポートの提出を求められたり、徹夜を強いられる製図の課題をこなしているうちに、いつの間にか思い描いていた理論物理学の世界とはあまりにもかけ離れていました。

　しかし、大学3年の後期だったかと思います。先輩の卒業制作の中に、「まったく図面を書かず、文章だけの図面」というものが飾られているのを観て、もしかすると建築はかなり深い学問ではないかと気づき、その日から学校に寝泊まりして、設計に没頭するようになりました。

　私は、建築学科在学中には、建築雑誌を飾っている華やかなデザインの建築にはまったく興味がなく、また建築家が書いた文章にも興味がなく、ただただ、自らの思考に没頭していたため、あの有名な黒川紀章や、今や世界遺産にも登録されたル・コルビジェ（上野の近代美術館も彼の作）の名も知る事もなく卒業の日を迎えてしまいました。

　私の父親、そして母の親も北海道大学の教授を務めていたため、民間の企業や事務所に就職するという道はまったく念頭にありませんでした。とにかく、自分の学びたいことを学び続ける、そういった親たちの姿を見て育っていたこともあって、先生から進路を聞かれた時に、まだ建築の道に進むことさえも決められなかったので、自然に「大学院に進学します」と答えていました。

　大学院への進学は、同じ北大の学部から進学できなかったというケースはあまり聞かなかったので気楽でしたが、一応復習のためにも、過去の大学院入試の試験問題を入手して勉強し、面接でも素直に「まだまだ建築を学びたい」とだけ言って入れても

らいました。

　学費だけは親が出してくれましたが、その他の費用は、職業訓練校と専門学校の講師、そして家庭教師で、十分すぎるくらいの収入がありました。

　学部の4年までは課題や論文、そして卒業設計と、ほとんど時間に余裕がありませんでしたが、大学院に進むと論文の合間を見て、設計コンペにも挑戦しました。

　通常の建築家というのは、いわゆるデザイナーでもあります。大学院に進学して分かったのですが、当時、北大に在籍する設計で有名な教授はたった1人だけで、しかも東大から来た先生でしたから、恐れ多くて自分から話す勇気のある学生はなく、結局、学生は、雑誌などを見ながら、ああでもないこうでもないと、自分でデザインを学んでいました。

　建築家が有名になる道は、コンペ（設計競技）に参加して勝つということだということと、だいたいの学生は思っていて、全国の学生はこぞってコンペに参加して、一等になって雑誌に掲載され、良い設計事務所で武者修行するということを夢見て日々徹夜する姿は、今も当時も変わらないと思います。

　私の参加した最初のコンペには、後輩や先輩を誘い、大勢で挑戦しました。夜中まで論議して、図面を書いて、模型を作って、「これだ！」という案に行き着いたところで、皆で制作にかかりました。プロの建築家が参加する中、一等に選ばれて、賞金として100万円をいただきました。賞金は、何度も打ち上げをやって、手元には50万円ほど残りました。コンペに入賞するかどうかは、出す瞬間に分かるものだとこの時に気づきました。

東京を目指す

　一方で、結果発表の前に、自分は建築の道に進むのか決めかねていたので、東京に行って、有名と言われる建築家に会って決めようと思い立ちました。

　教授の助手には、「そんなことをしても無駄だ」と反対されたのですが、とにかく東京を目指しました。しかし、私は大学4年間、ほとんど建築雑誌を見たことがなかったので、とりあえず、有名建築雑誌の「新建築社」に、自分のポートフォリオ（作品集）を持参し、当時の有名建築家の連絡先と住所を教えてもらいました。

　それからざっと30人の有名建築家と会って話したでしょうか。

　有名建築家は、東京大学や東京芸術大学を卒業した方が多かったように思います

が、その中で、「象設計集団」という面白い設計事務所があって、そこは毎日学生の手伝いでごったがえしており、早稲田大学で講師をしていた故・大竹誠さんという建築家から、「今日から働いていけ」と言っていただいたので、1ヶ月ほど働きました。また、世田谷美術館を設計した故・内井照蔵氏は、「君のような人は、アメリカに行った方がよい」と言っていただきました。そんなお言葉もあって、コンペの賞金の残り50万円を持って、アメリカへ渡ってみることにしました。

ニューヨークを拠点にして全米を周遊

東京で作品集を持って歩いたように、アメリカでも建築学会（AIA）を訪ね、つたない英語で、有名建築家を教えてもらい、ついでに電話もしてもらって、実際に会いに行きました。2人目以降は、その建築家に知人の建築家を紹介していただき、電話をしてもらっては次々と会って、作品集を見せ、いろいろなことを話しました。

結局、14の有名建築家や事務所を訪ねましたが、どこの有名建築設計事務所にも、また有名大学にも、大抵は日本人がいることに気づきました。しかも、私が会ったどの日本人も、目をきらきらと輝かせてがんばっていて、確実に日本の未来の建築を支えて行くのだろうと感じました。

ニューヨークでは、ルーブル美術館のガラスのピラミッドを設計した、I. M. Pei氏の事務所で出会った岩本かずあき氏を訪問しましたが、「帰ってくれ、日本人は嫌いなのだ」と門前払いされてしまいました。しかし、何度も訪ねていくうちに、親切にしていただき、ニューヨークを離れる時には「君がもう一週間いてくれたら、釣りに連れていったのだが」という言葉を貰い、留学する決意を固めました。

後でうかがったのですが、岩本さんは、当時の私の姿に、若くて苦しかった自分自身を見たそうで、変わってしまった自分が悲しくて、奥さんの胸の中で泣いたのだそうです。

ニューヨークの地下鉄にて（1984年3月）

149

今思うと、象設計集団で会った故・大竹康市氏を訪ねた時にはお盆で、誰も他に事務所には居なかったのですが、1人で汗を原稿用紙に垂らしながらもくもくと文章を書いており、その姿を見た時に、建築の道に進むことを決めたように思います。このような素晴らしい人が打ち込むならば、やってみよう、やってみるべきだと思いました。

岩本かずあき氏（左）と私

本気で設計→アメリカ留学、本質を求め→東大博士課程

帰国して北海道大学に戻ると、学内は騒然となっていました。アメリカに発つ前に手伝った後輩の卒業設計が、道内で金賞を取ったことが問題となり、辞退させられたという結末を聞かされました。その事で私の助教授と口論し、私は北海道大学の博士課程進学を断念しました。そしてアメリカで出会った東大出身の建築家にも勧められたこともあって、東大の大学院博士後期課程を受験することにしました。

しかし、一方でアメリカ留学を決めていたので、東大の受験と、アメリカ留学のための勉強をやりつつ、コンペ、そして修士論文の制作と、家に帰れない生活が続きました。

北海道大学教授の父に感謝

東京大学大学院入試の書類は、東京の象設計集団で働いている最中に、ある金曜日に札幌の自宅に届きました。速達で届いていたので、父が開封し、私のいるホテルに電話をくれました。締切りは翌週の月曜日だったので、父は「遅すぎるのであきらめろ」と言いましたが、またすぐに電話がかかってきました。「明日、北大の事務員に出勤してもらい、成績表を作らせるから、今書いている論文と博士論文の構想を30分で書いて、すぐに健康診断を受けてこい」と言われました。

その通りに、30分で構想を書き、電話で父に書き取ってもらい、札幌での私の指導教授の家に夜になって訪問し、意見を求めてもくれました。何とか締め切りに間に合わすことができたのです。

それだけ北大の教授である父の手をわずらわせたので、東大の一次試験を落ちるわ

けにはいかず、そのまま東京に残り、設計事務所を手伝いながら試験勉強をすることにしました。一次試験は、英文和訳、和文英訳、ドイツ語和訳でしたが、英文に関しては留学のための勉強も進んでいたので、ドイツ語のみを集中的にホテルで勉強しました。

　設計事務所は最終電車で帰ってくるので、寝るまでの3～4時間と、働きながら、単語カードを前に置いてドイツ語の単語を覚えました。

　ドイツ語は、どのように勉強したらよいか分からなかったので、とりあえず過去の問題集を手に入れて、本屋に行き、それが満点取れる単語集を探したところ、3000単語が掲載されている単語集で過去の問題が満点取れることが分かり、それを10部コピーして、意味が分かった単語をマジックで塗りつぶしていくという記憶方法で勉強し、前の日の夜中までになんとか全て覚えることができました。そしてドイツ語は満点でした。

　このようにして一次試験を合格した後、北大で書いた修士論文を用いての発表がありました。論文の主査はあの「代官山ヒルズ」を設計した槇文彦氏が当たってくれて、「ひさしぶりに、面白い論文でした」と教授会で推薦していただき、論文審査も通過しました。

　最終的に入学した研究室は、空間心理学を専門としている高橋鷹志先生のところでしたが、本当は設計で有名だった槇文彦教授の研究室に入りたくて、受験の前に槇先生に東大を出た北大の教授に推薦状を書いていただき会ってもらいました。

　アメリカに行った際、ニューヨークのコロンビア大学に槇先生が講演に来ていて、英語で説明するさっそうとした姿を見て、槇先生について設計を学びたいと決めていました。しかし、会っていただいた槇先生は、うって変わって意地悪な感じの方で、窓から外を眺めていて、こちらを見てもくれませんでした。

　「君は、なぜ東大に入りたいのかね」、「単に東大の名前が欲しいだけではないのか」と尋ねられました。

　私は、「学ぶ環境を変えたいと思いました」と答えました。

　すると先生は、「君は、人がいなければ何もできない、つまらない人間なのかね」と言われました。

　その時、私がどうしてそのようなことを言ったのか定かではないのですが、「先生は人の間で育たなかったでしょうか」と強い口調で言っていました。

先生は、きっとこちらをにらみ、「そういう生意気な奴の作品を見てやろう」と言って、ぱらぱらとアメリカを持ち回ってぼろぼろになっていた作品集に目を通しました。

　先生は、ぱたっと作品集を閉じて、体をこちらに初めて向けてくれて、「君の未来は開けている。高橋研を受けたまえ」と言っていただきました。理由は「設計に理論はあり得ない。事実私も博士を持っていないので、君を教えることはできない。君の卒業論文は、景観の認知量を調べているので、空間心理学の高橋鷹志先生のところがよいと思う」ということでした。

　そして、最後の面接です。部屋に入ると、建築学科の全員の教授に囲まれる形で立て続けに質問を受けました。出て来てみると40分も経っていたのですが、覚えている質問は鈴木成文先生から「君の論理だと、小樽運河問題はどのように解釈されますか」というものでした。小樽運河問題とは、交通を優先するあまり歴史的な運河の幅を半減させて道路とし、町と倉庫群を分断させてしまう計画で、まさに北大で私と口論したあの助教授が作った案で、住民らから裁判で訴えられていた問題でした。私は「小樽運河問題は、都市計画の問題なので、記号論や様式論では解決がつかないのですが、今の案には同意できません」と言ったかと思います。

　こういった経緯を経て、間もなく、北大の助手のところに、「槇文彦先生の推薦もあって、教授会で入学を承認された」という連絡がありました。つまり、本当の合格です。

　ただし、私はアメリカへの留学準備も併せて行っていたのでした。

アメリカの大学院生の平均年齢は30歳を越えていた

　そして、いよいよ東京の生活が始まりましたが、行ってみると高橋研究室は非常におかしな研究室で、いつ行っても、学生がいませんでした。ゼミは1週間に1回開かれ、そこには全員顔がそろうのですが、そこでは自分が今やっている論文の内容を発表するという形式のゼミでした。

　しかし、発表を聞いてみると、どこかの研究所と共同研究をやっている、海外の論文を参考にしてさらに論を進めている、またはまったく聞いたこともない専門用語が飛び出す難解なものばかりで、環境心理学という世界はまったくカルチャーショックであり、またあまりにも魅力的な分野で、自分が疑問に感じていたことが、日々氷解

していく思いを味わいました。

　そしてまだ入学して間もない春頃、飲み会で隣に座っていた他の研究室の学生が、「もう少しで留学のために日本を発つ」と言いました。他にも何人か同じことを言う学生がおり、あわててアパートに帰り、それまで来ていたアメリカの各大学からの封筒を始めて開きました。今考えるとなぜ開いていなかったか分からないのですが、9月からコースが始まるので、8月頃に行けば良いと思っていたのだと思います。

　よく読むと、夏前に行かねばならないとなっており、国際電話で事務に尋ねると、「あなたが入学する唯一の方法は、3日後までに私の前に現れることだ」と言われ、次の日に札幌に飛んで行き、大使館でその手紙を見せて、学生ビザを発行してもらい、アパートは横浜の友人に始末を頼み、その足で飛行機に飛び乗りました。

　現地へ着くとフィラデルフィアにあるペンシルバニア大学に合格、そしてニューヨークのコロンビア大学は「ウェイティング」となっていました。

　そして、すぐにあの岩本さんに再会。別れてから、1年くらいしか経っていませんでした。岩本さんはコロンビア大学に入れと勧めてくれて、ケネス・フランプトンというあの安藤忠雄を世界に知らしめた批評家に何度も会わせてくださり、私の作品集を見せて、入れてやれと交渉してくれました。

　コロンビア大学の「ウェイティング」の意味は、英語つまりTOEFLの成績が思わしくないので、コロンビア大学の英語のコースのプレイスメント・テストを受けてくれと言われました。テストは結局2度受けたのですが、1度目は慣れない問題形式なので、あまり点が取れず、その後に猛勉強して、再度受けました。

　しかし、あろうことか今度は再試験の点数が良すぎるという理由で、入学は許可されませんでした。岩本さんは、「日本人にはあり得るのだ！」と主張してくださいましたが、英語のコースの教員は、私が「ずるをした」という結果で建築学科に送付してしまったのです。

　私はとりあえず、合格したペンシルバニア大学に入学し、コロンビア大学に入学を許された時点で、転校しようと思いました。冬には、フランプトンから直筆の手紙をいただき、春には入学させることを約束すると書いてありました。

　しかし、ペンシルバニア大学には、面白い先生が大勢いて、最初の課題をプレゼンしている時に入ってきたアデレ・サントス学科長の教授が、「君と一緒にコンペをやりたい」と言ってくれて、日本人の象設計集団の一派であった丸山欣也さんと共に国

第10章　留学中も稼ぎ、世界を席巻した北海道出身の建築家

国際コンペに挑戦しました。皆で全体案をつくり、3つに分けて部分を検討し交換していくやり方でした。それが、みごと1位。結局、コロンビア大学には転校しないことにしました。

でも、フィラデルフィアとニューヨークは近いので、何度も岩本

国際コンペで1位を受賞した作品

さんとは釣りに出かけ、何日も建築のことについて語り明かしました。

ところで、アメリカの大学院に入って驚いたのは、学生の平均年齢が30歳を越えていたこと、そして、彼らの作品集は実際に建った建物の写真ばかりで、課題やコンペの作品しかない私の作品集でよく入学が許されたものだと思いました。

さて、アメリカやイギリスの大学に入る方法はいくつもあります。

当時はひとつしかないと思っていたので、日本で、GRE（アメリカの統一一次試験）とTOEFL（英語の試験）を受け、受けたい大学に資料請求をして、その書類をひたすら英語で埋めて行くという作業をしました。インターネットやファックスなども普及しておらず、もちろんパソコン・ワープロはなくてタイプライターで印字するしかなかったので、たいへん手間がかかりました。

受験のための必要書類には、3人の英語の推薦状と、なぜそこの大学に入りたいかを書く必要があります。書類は、受付窓口でまずチェックされますが、これらの英語が稚拙なものだと、そこでハネられて審査もされないことになります。また、書類の中には、GREとTOEFLの成績証明書も添付する必要があります。

私の場合には、推薦状はアメリカで知り合った建築家や、北大の教授や学長がよい文章を作成してくださいました。学長は、私に建築を進めてくれた教養学部の東先生や父の知り合いでもあり、過去教えた2万人の学生の中でトップだったと書いてくれました。アメリカの大学は、例えば大統領の息子など、大学にとって将来役に立つと

思われる学生はまず受け入れます。そのために推薦状は大変に重要視されるので、学長は「本学のトップなので自信を持って推薦する」というような書き方をしてくれたようです。

そして、英文は、日本で英語を教えているアメリカ人にチェックしていただきました。しかし、その時に、こちらで書いた英文とはまったく違ったものとなりました。要は、相手の大学を褒めつつ、自分のことをからめていき、結局自分のアピールもしてしまうという文章がよいとのことでした。

1987年4月　ペンシルバニア大学で
アデレ・サントス学科長（右）と

GREは、日本人は英語以外の科目については高得点が可能なので安心ですが、TOEFLは、とにかく勉強し、良い点が取れるまで受け続けるということしかありませんでした。

これは非常に難関で、東大生でも何も勉強しなければ、450点くらい、2万単語くらい覚えて、ヒアリングもかなり訓練しても、550点くらい、ビジネススクールに進学する学生は、600点は取らねばなりません。

建築は、図面という世界共通用語でコミュニケーションがとれるので、550点くらいで入れてくれます。しかし、私は、550点ギリギリしか取れていなかったので、レベルの高いコロンビア大学（確か570点くらい必要とされていたと思います）には「ウェイティング」だったわけです。

今考えると、ペンシルバニア大学は、書類審査で過不足なく通過し、2次審査で受け入れられたのだと思います。

後で、コンペを一緒に挑戦した学科長から教えられたのですが、作品集が印象的だったので、私を許可したと言われました。他の学生のように、雑誌ばかり見なかったのが、良かったのでしょう。

そうして、なんとかペンシルバニア大学に、日本から電話をしてから3日以内に到

第10章　留学中も稼ぎ、世界を席巻した北海道出身の建築家

着しました。そうしたら、ある書類にサインするだけで、後は「9月まで待て」と言われ、呆然としました。しょうがないので、英語を学ぼうと思い、ペンシルバニア大学の英語のコースのプレイスメント・テストを受け、かつ、前記したように、コロンビア大学に入るためにニューヨークも行き来し、それなりに辛い毎日でした。

ペンシルバニア大学の建築のコースは本当にスリリングな毎日でした。仲良くなった教授は、毎日のように寮に来て討論しようとします。また、台湾の学生たちとも仲良くなったのですが、中国人に囲碁を教わり、休みの度に囲碁ばかりやっていました。

1987年9月。建築家ルイス・カーンの片腕だったガボ氏（左）とフィラデルフィアにて、現在でもときたま連絡をくれる

　学生生活は、あまりにも過酷で、毎週一冊は英文の本に目を通し、レポート、そして、一日に何枚もの図面を描いて、3日ごとにはプレゼンする。一方で、コンペもやりました。実際の仕事の話も先生を通じて頼まれていたので、実施設計を行い、最後は超高層の設計の依頼を受け、フィラデルフィアの中にある大きな設計事務所の中にテーブルを作ってもらって、そこで仕事もしていました。

　大学関係の勉強が終わるのが、夜半過ぎ、夜中の2時頃から実務の仕事をやり、朝方にやっとベッド。1日に2時間くらいしか寝られない日が1年近く続きましたが、確実に前進しているのだ、日本にいる学生に差をつけているのだという感触があり、本当に充実した毎日でした。

　アメリカの大学院に進学する学生の平均年齢は30歳を越えており、それは、就職してから自分で貯めた貯金で入学するからでした。アメリカの大学院の授業料は高額で、特に当時は1ドル250円でしたから、年間250万円の出費でした。多分、アメリカ人にとっては、年間100万円という感覚ではなかったでしょうか。

　100万円と生活費を貯めて大学に戻って来るというのはたいへんな苦労ですから、

先生が授業に手を抜こうものなら、たちまち学生から非難されました。

特に、中国からの留学生は、1年の授業料が家1軒分に相当するので、真剣極まるものがありました。

ある日に、台湾人の女学生が、廊下で教授に向かって叫んでいました。

「あなたの授業は単なる非難だ、非難は誰でもできる、私が欲しいのは批評なのだ！私は、あなたの授業をボイコットする！」と彼女は泣きながら訴えていました。

学生は、貴重な時間をかけて貯めたお金で学びにやってきている。それは真剣そのもので、無駄使いだと思う授業には、徹底的に抗議し、場合によっては教授がクビになる時もあり、逆に、私よりも君の方が先生にふさわしいとして、次の日から学生が先生と代わってしまうということも起きます。

また、ある時の設計で、フィラデルフィアの中心街のある街区の再開発が課題に出されたことがありました。そうしたところ、ある学生が、「私は最高の解決を思いついた。もうこの学校から学ぶことはない」と言い捨てて、学校に来なくなりました。この学生は、まもなくして市役所の都市計画課にその自信に満ちた提案を持って行き、結局、そのアイディアは受け入れられてテレビに出演するまでになり、1年後、大学に講師として招かれるまでになりました。

そのアイディアは、再開発のために一旦街区内の建物は全て撤去されるが、そうしたら、周辺の古い町並みがその空き地から見えるようになることをこの学生が発見したのでした。つまり、彼の案は、「何も建てずに、歴史的な町並みを眺めることができる公園として空地のまま保存すること」だったのです。

また、前記した抗議していた台湾の学生は、母国に帰り、新設の大学の建築学科の学科長になり、学生の才能を延ばし、そこの大学を卒業した学生は有数の広告代理店を創業したり、洋服のデザイナー、設計者などになるほど、いつの間にか台湾一番の有名な大学としてしまい、マスコミから追われる身になっていました。

日本では信じられない事が起こるアメリカの大学ですが、入学の方法にもいくつか違う道があることが分かりました。

コロンビア大学に行った時に、日本人と会いましたが、その学生はまったく試験なども受けずに入学したと言いました。彼は、私と同じように作品集を持って大学に現れ、教授にそれを見せて、「入学させて欲しい」の一点張りで嘆願したと言います。作品集を見て、彼の才能を見抜いた教授は、その場で許可し、事務所で学生証を貰う

1986年7月　建築家ルイス・カーンの弟子デビッド・ボーク（手前）による設計演習。「you are 'commend'.」とその場で言われる。ペンシルバニア大学にて

ように言って、次の日から入学したのです。

また、アメリカの大学には非常に合理的な面がありました。例えば、日本では、留年した場合には、1年分の授業料を支払わねばなりません。つまり、落とした教科がたった1科目の場合でも、その一科目のために100万円もの授業料を支払うことになります。

それに対して、アメリカは受講した授業分の授業料しか支払う義務はないので、学費が底をついたり、また、前記した学生のように大学を飛びだしたとしても、損をしたという感覚にはなりません。中にはお金をためてまた戻ってきて、10年以上かけて卒業する学生もいました。

また、私たちは、どこかに就職する時には学歴を履歴書に書きますが、アメリカ人の建築家は、作品集にお金をかけてしっかりと作って一生持ち歩きます。気に食わない会社は大学のようにすぐに出て、その作品集を見せて次々とランクを上げていくのがアメリカ式です。そういったことを理解すると、どのようにアメリカ人が大学院を捉えているかも理解できるかと思います。彼らは、自分自身の発展のために大学院の授業を受けに来ているのでした。

奨学金を貰ってヨーロッパの授業を受けに

私のアメリカは前記したように寝る間も惜しんで、いろいろなことに挑戦し続けました。授業ごとに成績がついたのですが、ABCのランクづけの他に、教授が特別に優れているとした学生には、「Commend」というランクが貰えます。これは大学院を通じて、ひとつも貰えないのが普通のようでしたが、私は、大部分の授業でこの「Commend」を貰っていました。最後に事務室から「Good Job！」と言われ、また教授からは、「Record（記録）である」とも言われました。

ある時に、一緒に国際コンペに挑戦して1位を獲得した学科長のアデレ・サントス

に呼ばれ、奨学金を出すからヨーロッパの大学でサマースクールがあるから、それを受けてきなさい、と言われ、それまでやっていた大きなプロジェクトも、設計事務所にあずけて、単身パリのボザール大学、イタリアのベニスにあるベニス大学でのサマースクールを受けに行きました。

　その時には既に修士課程を終えるのに必要な単位を取得していたので、これらの授業は、留学最後に徹夜せずにのびのびと受けられ、本当に楽しい経験となりました。

　ヨーロッパではパスポートやお金の全てが盗まれるという痛い目にあいましたが、アメリカに戻ると今度は博士課程のピーター・マクレリー学科長に呼ばれ、博士課程に残って勉強を続けないかと勧められましたが、東大の博士課程を休学中で、かつ高橋鷹志教授の顔がちらつき、「帰国して博士課程に復帰します」と説明しました。

　通常ならば、卒業したら２年間の労働ビザが貰えるので、好きな有名事務所で修行し、箔をつけて帰国するのが日本人の「おきまりのコース」になっていましたが、この国での設計も随分とやったので、そちらの方にも踏ん切りもつきました。

日本では仕事が待っていた

　日本に帰国してまず始めたのが、教授から紹介されたまちなみの研究。以前からやりたかった記号論、現象論的なアプローチで調査し、報告書を書きました。また、英語ができるだろうということで、東大に来る海外のお客さんの世話も任され、東京を何度も案内することになりました。その経験を通じて、北欧の福祉の最先端、アメリカのまちづくりの最先端の知識を得ることにもつながりました。

　学費や生活費は、奨学金、積水の研究所（住環境研究所：JKK）からの報酬、そして友人の会社から顧問になって欲しいと頼まれて、その顧問料が入ってきたので、月に合計すると30万もの収入で捻出しました。また、世の中はバブル経済へと突入した時期だったので、あちこちから報告書や設計の依頼が舞い込み、アメリカにいた時のような眠らない生活となっていきました。お金には不自由しませんでしたが、その時の仲間の１人は過労死するなど、本当に狂った時代だったと思います。

　しかし、大学のゼミは非常に面白かったので、どんなに忙しくとも出席しました。時にはゼミの後に成田から海外へ、海外から早朝に帰ってきて次の日のゼミに出るという離れ業もやってのけました。

　そうしているうち、いつの間にか博士課程に入学して４年が過ぎた頃、関わってい

た都市計画や設計の仕事が落ち着いて時間ができたので、博士論文を作成することにしました。

博士論文提出期限の1週間前に、教授から提出する意思があるかどうかの確認の電話があり、出す予定であることを告げましたが、論文のまとめ方に関してはまったくといって相談していなかったので、驚かれました。

博士論文を提出し、口頭発表を行い、他の教授からは了承を得られていたようですが、相談しなかったこともあり、私の論文は、高橋教授のテーブルの引き出しの中に「保留」という形で保存されました。その時に、四国の公営住宅の設計を手伝って欲しいと教授から要請を受けたので、それもあって延期されたのかも知れませんが、何度か会議を持ち計画を練り、高知まで打合せに行って、基本設計をまとめて提出しました。その後、事務から電話がかかってきて学位記を取りにきて欲しいと言われ、論文が受領されたことを知り、取りに行って、その足で授業料の清算をし、名札をもらって帰ってきました。特に授与式があるわけでなく、なんとも味気ない卒業でした。

学歴があっても仕事は来ない

このようにして、ペンシルバニア大学から修士、東京大学から博士号を取得して、20年以上にもなりますが、学歴とは何かと問われれば、「その時苦労して乗り越えたという達成感とプライドのようなもの」と答えます。だからといって仕事がくるわけではありません。

ただ、私が建築士を始めた当時はバブル経済だったので、人の仕事の手伝いはいくらでもありました。ゼネコンは、大きな建物を建てる方がもうかるので、私に来た小さな設計を建てる余裕がなかったのです。

しばらくは、日本設計という会社の名刺を持って、120億円の建物の設計と現場監理を手伝っていたのですが、そこで知り合った同僚の建築家から、相談に乗って欲しいとして、やったのが幼稚園の設計でした。小さな建物でしたが、全力で臨んで設計したところ、うれしいことに雑誌に掲載され賞もいただきました。この受賞をきっかけに、幼稚園、保育園、住宅、病院、福祉施設などを設計するようになりましたが、全ては最初の幼稚園が始まりでした。

建築は、立地、オーナーの価値観、時代の価値観、街並みや地域特有の事情などを勘案して造られなければならず、設計の仕事というものは、何ひとつ同じものがあり

ません。そして、新しく挑戦しなければならないものばかりなので、知識はむしろ邪魔でした。

依頼者が想像していることをできるだけ100％理解して、新たな発想を入れて、びっくりするような設計を見せ、うれしい裏切りをする。その時の喜ぶ顔を見たくてやっているのかも知れません。

同級生が設計した建物を案内してもらって、同じ時間に設計や論文と闘っていたのを知ると、本当にむくわれた気もちになります。苦労を共感できる生涯の友人は、大学院から得た最大の財産だと思います。

北大大学院修了！ 大志を抱きました！	**そして東大で工学博士取得** 仕事が忙しかったけど、取れちゃいました
全米を放浪	**更にイギリスの大学の日本事務局も任せられ……** Hello! This is Watanabe Japan
ペンシルバニア大大学院修了	**そんなワタクシですが……** 東大　工学博士　ペンシルバニア大　技術士　一級建築士
東大大学院へ…… 君は東大人脈が欲しいだけなんじゃないのかね？ 先生は人の間で学ばなかったんですか？	**ふだんの行動が子どもっぽいせいか経歴をなかなか信じてもらえません** 東大って岬の灯台？ ロンドンって駅前の喫茶店？ ペンシル大って鉛筆工場の？ 一級ケン玉師？ 博士論文は白紙の論文？ いや、ぜんぶ正真正銘なんだけどね…

©ぼうごなつこ

第11章　失敗とギリギリの連続だったけど、取った修士は本物です

松本肇（まつもとはじめ）
学歴研究家・作家・実践教育ジャーナリスト

1990年	立正大学文学部二部地理学科中退
1994年	神奈川大学法学部法律学科卒業　学士（法学）
1998年	学位授与機構　学士（法学）取得
1998年	**神奈川大学大学院法学研究科博士前期課程修了　修士（法学）**
1999年	慶應義塾大学通信教育部経済学部経済学科中退（除籍）
2000年	放送大学教養学部自然の理解専攻卒業　学士（教養）
2002年	放送大学教養学部産業と技術専攻卒業　学士（教養）
2006年	放送大学教養学部発達と教育専攻卒業　学士（教養）
2008年	大学評価・学位授与機構　学士（社会科学）取得
2008年	大学評価・学位授与機構　学士（教育学）取得
2009年	日本福祉大学福祉経営学部（通信教育課程）卒業　学士（福祉経営学）
2009年	**東京大学大学院教育学研究科 大学経営・政策コース　在学中**
2010年	放送大学教養学部社会と産業コース卒業　学士（教養）

第11章　失敗とギリギリの連続だったけど、取った修士は本物です

どこでもいいから大学へ行きたかった高校生

　私は、1989年、神奈川県立川崎南高等学校を卒業しました。同校の偏差値は低く、私の世代は第二次ベビーブームのピークだったこともあって、大学進学率も他校に比べて低く、大学進学を希望する者は、予備校通いや受験浪人することを覚悟しなければいけない状況でした。

　そんな中、同校の1学年約500人の卒業生の中で、私は現役で4年制大学に合格した12人のうちのひとりとなりました。

　当時、川崎南高校を卒業して現役で大学に合格できた者は、よほど努力したか、運が良かったなどと言われそうですが、私はお世辞にも優秀な生徒ではありません。むしろ、最低の学力で最大の効果を発揮する戦略が良かったというのが妥当な表現です。

　こんなことを言うと、「志しが低い」とか言われそうですが、私は4年制大学であれば、どこの大学でもいいと思っていました。なぜなら、当時の私の上の学年、つまり先輩たちの進学状況を見ると、国公立大学はもとより、中堅の私立大学を受けまくっては軒並み不合格となる人が多く、浪人生活を選ばざるを得ない人がとても多かったのです。

　私は無駄に浪人するくらいなら、4年制大学であればどこでもかまわないと考えていたので、学力試験が不要で、一般推薦入試などを行う大学で、しかも夜間部という、人気のなさそうな条件で探しました。すると、前年度の入学倍率がわずか1.1倍という大学を見つけることができ、実際に合格したのが東京都品川区にある立正大学文学部二部地理学科でした。

　「大学へ進学する」なんていえば、日の光が降り注ぐ広いキャンパスで、友人たちと談笑したり、サークル活動を通して楽しい学生生活を送るなんてイメージがあります。一方、夜学へ行くなんて言うと、苦学生とか、暗くて地味なキャンパスをとぼとぼ歩くなんてイメージがあります。しかし、当時、私の卒業した高校から現役で大学進学しようと思ったら、イメージを追求するどころの話ではありません。むしろ誰も狙わないような穴を狙わなければ、4年制大学へ行くなんてことはできなかったのです。

　もちろん、こんな私が簡単に合格した訳ですから、教育内容に大した期待もしていないし、適当に勉強して、適当に卒業して、そこそこの会社に就職できればいいやな

んて思っていました。

補欠ながら神奈川大学法学部に合格

　私は入学時からまじめに勉強しようとは思っていませんでした。やはり適当にアルバイトして、適当に遊びながら勉強できればいいやくらいの意識でした。だから立正大学の二部に入学してからも、周囲の友達が教えてくれた、おすすめ科目を適当に履修登録していただけでした。しかし、実際に通学を始めてみたところ、意外なことに、ものすごい衝撃を受けることになりました。高校時代までの、退屈で役立たずの勉強とはまるで正反対で、大学がとても楽しいのです。とりあえず「大学」と名のつく学校を卒業すれば満足としていたはずなのに、私が受講した大学の授業は、どの授業も魅力にあふれていて、大学の勉強ってこんなに楽しいものかと、自分でも驚くほど楽しんで通学するようになりました。適当に勉強するどころか、どの授業も食いついて受けたし、ノートもしっかり取っていて、ほとんど休まず通っていました。

　中でも、一般教養科目の「法学」の授業では、法律的な思考法を学ぶので、毎週の授業を通して、毎週賢くなっていく自分がいました。こうしているうちに、本格的に法学を勉強したくなった私は、法学部への進学を模索するようになります。

　法学部を持っている大学はいろいろあったけれど、ろくに受験勉強をしていなかった私が選べる大学は少なかったため、「自宅から1時間くらいで通学できる」、「得意の小論文で受験できるところ」、「立正大学で修得した単位を入学後に認定してくれるところ」を条件に探してみたら、たった1校だけ、神奈川大学の法学部が該当したのです。

　当時、普通の受験生であれば、滑り止めを含めて複数の学校を受験したものですが、私については不合格なら立正大学に通い続ければいいだけなので、神奈川大学法学部一本で対策を練りました。

　神奈川大学の入試は小論文と英語の2科目でしたが、英語の配点が低く、全く受験勉強を経験していない私でも、小論文さえ満点に近い高得点を稼げば、倍率など関係なく合格できると分析しました。そしてこの分析は正しく、競争率12倍のところ、こんな不勉強な私でも、本当に合格することができました。

　ただし、合格といってもあくまで「補欠合格」です。一般的な入試ではない上、ほとんど小論文だけの得点で、しかも「補欠」の合格ですから、1990年の入学者で、

第11章　失敗とギリギリの連続だったけど、取った修士は本物です

成績最下位合格者は間違いなくこの私ということになります。

民事訴訟法のゼミに入って目からウロコが落ちる

　神奈川大学の法学部に入学すると、立正大学在学時の単位が30単位ほど認められ、1年次で履修すべき一般教育科目の類は大半の履修を免除されていました。したがって、1年生の時は他の学生とは行動を共にせず、物理学や宇宙科学などの理系科目を履修したり、アルバイトやサークル活動に明け暮れていました。

　神奈川大学では、2年次から本格的なゼミナールが開講されます。私は民事訴訟法のゼミを受けることにしました。当時、民事訴訟法というのはさほど人気のある科目ではなかったのですが、私は「せっかくだから、他人を訴える方法を知っておきたい」という、くだらない理由で選択したのでした。

　しかしこの発想は決して悪くなかったようです。民事訴訟法をきちんと勉強しようとすると、「自分が裁判所を利用するためにはどうすればいいのか」とか「他人が自分を訴えようとしたらどういう手続きになるのか」というイメージトレーニング的思考をするようになるため、民事訴訟法を通じて民法や商法などの学問にハマっていった気がします。

大学院へ行こうと思った日

　大学で4年生になった年、私の周囲では就職活動を本格的にする者が増え、私も進路をどうするか、決めかねていました。

　法律の勉強は好きだけど、司法試験に合格するほどの自信はありません。だけど、企業戦士として就職するというのも何かイヤだったのです。

　大学院へ進む人の多くは「もっと勉強したい」とか「研究を深めたい」という考えを持っている方が多いようですが、私の場合は「大学院へ行けば就職しない理由になる」とか、「大学院へ進学したと言えばカッコイイかもしれない」という、本当にお粗末な理由です。しかし、指導教授の前では真面目ぶって「もう少し勉強したい」、「民事訴訟法をより良くするための方策を考えたい」なんてことを言っていました。

大学院入試を3回受けてやっと合格

　私が受験した当時の神奈川大学大学院法学研究科の入試は3科目でした。憲法・民

法・刑法から任意の1科目、外国語科目、そして自分の専門とする科目です。ただし、外国語は民法に替えることができるため、私の受験科目は憲法・民法・民事訴訟法の3科目でした。小論文試験は、旧司法試験の論文式試験で出題されそうな、いわゆる一行問題が出題されたことを覚えています。そしてこの小論文試験の後、面接試験が行われます。

　面接試験では、主査は私のゼミ生時代からの指導教授でしたが、副査となった2人の教授からは鋭い質問が飛びます。

　当時、同大学院では、研究計画書のようなものの提出が不要だったため、この面接が事実上の研究計画書のようなものです。だから質問は当然「大学院で何をしたいのか」です。一般に、民事訴訟法を専門とする学生であれば、「アメリカの民事陪審制度と我が国の民事裁判の比較研究をやりたい」とか「ADR（裁判外紛争処理機関）による手続を研究したい」などと、それなりにもっともらしい研究計画を述べるべきですが、私はその辺りがよく分かっていなかったため、「司法試験の勉強をしたい」とか「とにかくもっと勉強したい」なんて愚かな回答をしてしまいました。私が目指す大学院は「法学研究科」ですから、「研究」する内容をきちんと口にできないような受験生をそうそう合格させてくれません。よくもまぁ、こんなバカ丸出しで受験したものだと、今は反省しています。

　結局、私は神奈川大学4年生（1994年）の2月に1回、卒業した年の秋に1回、そして翌年（1995年）の2月に1回、つまり3回も受験しています。同じ大学院で、3回も受験しなければならないということは、それはつまり「どうしようもなく成績が悪かった」ということになります。学部時代の成績も優・良・可のうちの「可」が多かったし、小論文試験もボロボロ、面接試験でも的外れな回答しかできない私に、そう易々と合格させてくれるほど甘くはありません。そんな私が3回目にやっと合格できたのは、おそらく「かわいそうだから」という判断があったのだと思います。

　私は法学部への入試でも補欠合格でしたが、大学院に関しては補欠どころか「人道的配慮で合格」と言われてもおかしくないくらいです。つまり、最下位の中でも真の最下位です。それでも当時は合格したことで有頂天になっていて、大学院生になれたことが自慢でもありました。あまりの浮かれっぷりは、今あらためて思い出すと、あまりにも恥ずかしく感じます。あの頃に戻れるなら、昔の自分を引っぱたいてやりたい衝動に駆られます。

第11章　失敗とギリギリの連続だったけど、取った修士は本物です

初年度の学費は親頼み、2年目は請負業務で捻出

　私は神奈川大学の卒業生でしたので、神奈川大学大学院の当時の学費は入学金が一部割り引かれ、初年度で60万円くらいだったと記憶しています。この60万円は、両親に出してもらうことができました。ただでさえ大学に5年間も行き、大学院受験浪人中も生活の面倒を見てもらっていた上、大学院の学費も出してもらうのは申し訳なかったのですが、先立つものがなかったので、お世話になりました。

　さて、私が大学院に入学した1995年は、阪神淡路大震災や地下鉄サリン事件の起こった、記憶に残る壮絶な年でしたが、この年に私は学生でありながら起業もしました。起業といっても、たいしたことはありません。知人を介して、都内の大手旅行代理店からデータ入力などの請負業務を受けるようになったのです。年商にして数百万円レベルの小さな請負業務からスタートして、同年秋には有限会社を設立しました。

　大学のそばに学生用の安アパートを借り、ここを事務所、学食を社員食堂と呼び、実家と学校・事務所を拠点に仕事をしながら通学していました。会社ごっこと言われそうな、畳敷きの事務所でしたが、日々の仕事をこなすことで、生活費や2年目の学費を捻出することができました。

「順風満帆の大学院生活」と言いたいところだったが

　大学院生となって研究の日々、そして小さいけれど会社の社長で金を稼ぐという、ちょっとカッコイイ生活が始まったと思ったら、この二足のわらじ生活はものすごく大変な日々になってしまいました。

　もともと学力の低い大学院生の私は、実は日々の授業についていくのがやっとでした。カリキュラムの関係で、指導教授以外の2人の教授の授業を履修しなければなりませんでしたが、この授業が厳しく、大学院生でありながら、不登校になるのではないかと思うほどきつかった記憶があります。今になって考えてみれば、判例や学説などをまとめてゼミ形式で発表するだけの、普通の授業なのですが、これが耐えがたいほど苦痛でした。苦労して入れてもらった大学院ですが、早々に「退学」の二文字が頭に浮かんだほどです。

　その一方で、仕事の方もきつくて大変でした。請負の仕事をもらって来るまでの営業活動、打ち合わせ、作業、納期、納品など、これらをきっちりこなさなければ報酬が得られないのです。データ入力や書類の作成というのは在宅勤務的にできる、魅力

的な業務ですが、先方との打ち合わせというのがかなり重要です。

　大学院の授業と先方の会社からの呼び出しがバッティングすることもしばしばあって、授業を途中で抜け出して東京へ向かい、先方の会社で対応した後に横浜へ戻って授業に途中参加するなんて時もしばしばありました。人道的な配慮で入学させてもらった手前、「仕事が忙しくて……」なんて泣き言はそうそう言えません。この時ばかりは、安い時給のアルバイトにしておけば良かったと思いました。

カラ請求にカラ領収書の要求で廃業を決意

　苦しいながらも大学院生と会社経営を両立させていくと、今度は先方の会社の発注担当者が、調子に乗って不当な要求をしてきます。例えば「200万円の仕事を発注したことにして190万円を返金しろ」といった「カラ請求」、担当者が風俗店に行く費用を捻出するために経費が余分にかかったことに見せかけるための「カラ領収証」の作成などです。当初は、しかたなくその要求を飲みましたが、次から次へと要求がエスカレートしてきて、300万円のカラ請求、500万円のインチキ見積書の要求、脱税の手伝い（領収書の偽造）、そして法外なリベートの要求などを行うようになります。

　これらの要求はあまりにも理不尽で、しかも横領や脱税などの犯罪の片棒を担がされることになりそうだったので、同社からの業務は一切断ることにしました。もちろん、大手の旅行代理店との契約をチャラにしたら会社は存亡の危機に陥ります。しかし、法律を学ぶ者としてこれだけは許せませんでした。だって、法律を学ぶための学費を犯罪で捻出するって、本末転倒じゃないですか。そしてもしこの横領がバレた時には、訴訟法を専攻する現役の大学院生が犯罪に加担したということになりますから、重く罰せられる可能性もあるのです。バレずに済んだとしても、発注担当者の私腹を肥やすために、延々と奴隷にされてしまうのです。人に縛られないために起業したのに、奴隷同然の扱いを受けたことから、さすがに精神的にも参ってしまい、精神科を受診することにもなりました。

　ちなみに、この大手旅行代理店は、あれから約10年後の2007年、こうした下請けいじめが転じて重大な刑事事件に発展することになり、家宅捜索を受けたことが、大きく報道されたりするなど、社会問題となりました。

　こんな事情もあって、大学院の勉強も中途半端なら、会社の経営も起業して1年ち

第11章　失敗とギリギリの連続だったけど、取った修士は本物です

ょっとで存亡の危機を迎え、廃業を覚悟しました。

試験監督のアルバイトと懸賞論文と携帯電話代理店

　日々の業務が無くなっても、何かしらの仕事をしなければ事務所の家賃・光熱費が捻出できません。会社も事務所も全てやめて、親元で専業の学生になるという手もありましたが、自分で仕事を作り出すという会社経営の面白さをもう少し追求したくて、事務所を維持するために、日銭が稼げる仕事を探しました。

　当時は今ほど大学院生がいなかったため、「大学院生」という肩書きを使ったアルバイトがけっこうありました。短期で稼げるアルバイトのひとつが「試験監督」です。試験監督は拘束時間が短いわりに時給が高く、「大学院生に限る」という求人が多かったのです。そこで、様々な試験監督を経験することになります。在籍している神奈川大学なら期末試験、資格試験ならTOEIC、そして予備校の模試や地方の大学の入試（横浜会場）など、求人広告や知人のつてを頼って試験監督をやりまくりました。当時、1日で最高3万円くらいを稼いだ記憶があります。

　また、賞金がもらえる懸賞論文への応募もしました。ニフティという老舗の電気通信事業者がありますが、同社の会員100万人突破を記念したものに応募したところ、佳作に入賞し、賞金20万円と、共著ながら著書を上梓する幸運に恵まれました。賞金の20万円はすぐに使ってしまいましたが、この経歴のおかげで、雑誌記事などの執筆依頼がちょこちょこ舞い込んで来るようになり、月に2万円くらいの継続的な収入が得られるようになりました。

　また、知人の携帯電話代理店から二次代理店の誘いを受けました。当時は携帯電話が一般的になりつつある時だったため、友人・知人・親族などの紹介で無店舗販売したところ、ほんの数か月ではありますが、当時の普通のサラリーマンくらいの収入は余裕で得ることができました。もちろん、この売り上げは、国民の大半が携帯電話を手にするまでの、本当に一時的な特需であることはわかっていたため、あくまで無店舗で、かつ紹介オンリーで営業していたのです。

　会社の経営者といっても、アルバイトや原稿執筆、そして携帯電話販売で事務所経費を捻出するくらいの商売だったため、決してほめられたものではありませんでしたが、大手旅行代理店にからんでの横領や脱税のような犯罪じみたことから足を洗って、好きなビジネスをできたという点では楽しい経験です。

単位は取れたが修士論文は不合格

　大学院修士課程の1年目はデータ入力の請負業務、2年目はアルバイトと携帯電話代理店で私の学費や生活費を捻出しました。そして大学院の授業は、嫌いな授業も最低限の出席をこなし、あれやこれやと器用にふるまって、修了要件の32単位は無事に修得できました。

　ところが、大きな問題が立ちはだかります。最後の難関、「修士論文」です。

　私の研究テーマが決定したのは、実は修士課程2年次の春。一般的にいえば、この決定時期はちょっと遅いです。同期の友人・知人たちは、入学当初からテーマが決まっているのに、2年次の春というのは、怠けていたと言われても否定できません。

　それでも懸賞論文で受賞した時のテーマ「民事訴訟における電子メールの証拠価値」に肉付けするような形で、少し掘り下げて書くことにしました。

　私が大学院に在学していた1996年当時、民事訴訟でハードディスクやフロッピーディスクの証拠価値について争われた事例というのはほとんどありませんでした。したがって、電子メールやインターネット上のやり取りを記した記憶媒体について、法曹界は深く考えておらず、私はそこに目をつけたのです。こうした他人がほとんど注目しなかった領域について、専門的な知識を持って論文を書けば、先見の明があるとして研究者への道も開けてくるはずなのですが、私は慢性的に不勉強だった上、「いかに適当にまとめて修士論文をでっち上げるか」くらいにしか考えていませんでした。しかも、この頃は仕事の忙しさもあって、最先端を走っていた研究者の論文をほぼ丸写しするような、手抜き論文を書いてしまいました。これを一般的には「パクリ」と言いますね。

　もちろんそんな論文は教授にすぐに見破られてしまいます。そして指導教授からは「今からではもう直しようがない。とにかく修士論文は撤回し、今年はあきらめたまえ」と言われ、1年間留年することになりました。

　今でこそ私は著作権裁判に関する本を発表し、それなりに著作権法の専門知識を有していますが、実は大学院生の時には他人の論文を大量に引用して自分の論文をでっちあげてしまうほど、著作権を軽く考えていたし、極めて不勉強で短絡的な行動をとってしまう男だったのです。

第 11 章　失敗とギリギリの連続だったけど、取った修士は本物です

修士3年目は授業料24万円

　留年することは仕方がないとして、もう1年大学院へ通うとなれば、学費が必要です。

　初年度は60万円、2年目は50万円ですから、3年目も50万円かと思っていたら、神奈川大学には「修了要件を満たす単位を修得し、修士論文の提出のみを目的とする在学の場合は、学費を一部免除する」という規定があり、3年目は24万円で良いことになりました。

　学費を払おうと50万円を用意していたところに、半額でいいということになったので、友人2人とアメリカ西海岸とハワイへ旅行することにしました。

　修士論文で最低評価を出されて留年が確定したというのに、反省もせずにいきなり海外旅行をするという能天気な発想はいかがなものかと思われそうです。ただ、くよくよ悩まず、早くアタマを切り替えるというのも才能のうちと私は考えています。

交通事故で全治4か月

　アメリカ旅行を翌日にひかえた1997年3月のある日、私は自分の車で横浜市内を車で走っていたところ、飲酒運転の車に追突されてしまいました。私の車は大破して後部座席はペチャンコという、とんでもない事故に遭ってしまったのです。

　一応、救急車で病院に運ばれたものの、外傷はほとんど見当たらず、翌日から渡米だったこともあり、物損事故で済ませることにしました。ところがアメリカへ旅立ち、ロサンゼルスのホテルに到着すると、いきなり首から背中にかけて激痛が走り、立って歩くのも困難になりました。ロサンゼルスとホノルルの病院で治療を受け、何とか日本に帰ってきたものの、改めて病院で診断を受けると、むち打ち症であることがわかり、今度は日本の医療機関で、4か月間の治療を経験することになりました。

　この4か月間、首や背中が痛いため、毎日のように病院や整骨院へ通い、仕事らしい仕事が全くできなかったのですが、自分が運転していた車の保険や家族が掛けてくれていた傷害保険と交通共済、加害者の加入していた自動車保険などがあって、金銭による給付を受けることができました。慰謝料・休業損害・各種共済・保険金からの支払いを総合すると、ざっと200万円もの金額が私の銀行口座に振り込まれることになり、極貧の経済状況が一気に改善することになります。

　交通事故のせいで大学院3年目はあまり働くことはできませんでしたが、逆にこの

事故のおかげでゆっくり修士論文の制作に取りかかることができました。皮肉なことに、交通事故に遭って、やっとまともな大学院生としての研究活動ができるようになったのです。

下級審判例を足で追ったのが功を奏す

さて、私の研究テーマである、「民事訴訟におけるハードディスクやフロッピーディスクの証拠価値」ですが、当時は目ぼしい文献があまり無く、この手のことについては高裁・最高裁判例もあまり多くありませんでした。

当時、NTTのダイヤルQ2サービスを使った詐欺事件や、ニフティサーブ名誉毀損事件などが新聞で報道されることがあっても、それが「記憶メディアの証拠価値」や「証拠調べ方法」について論議されることがほとんどありません。高裁や最高裁判例が少ないということは、判例集に掲載されないことが多いわけですから、市販の文献ではほとんど入手が困難ということになります。

そこで、私は大学図書館で当時のパソコン通信や発展途上のインターネット関連の事件を新聞の縮刷版などで探し出し、目ぼしい事件をいくつか見つけては判決を書いた裁判所を訪れ、訴訟記録の閲覧を申請するという手に出ました。

民事訴訟の記録は、実は誰でも申請すれば閲覧することが可能なので、全くの部外者でも、原告や被告名、事件のあった時期などを当該裁判所の事務官に伝えれば、問題なくみられます。

当時、私は「パソコンに表示されたインターネット上の画面表示などはどうやって裁判官は見るのだろう」と不思議に思っていました。法廷にパソコンそのものを持ち込んで、実際に表示させた上で証拠調べをするのかと思っていました。民事訴訟法には、それを想定した条文なんてありませんし、知人の弁護士や元裁判官の教授に質問しても「知らない」とか「たぶん、プリントアウトするんじゃないか」くらいしか言ってくれません。

裁判所に聞いてみたところ、実務ではパソコン通信やインターネット上で表示された内容を、全てプリントアウトして提出するのが通例で、今も同様の手続をとっています。ところが、「プリントアウトする」となると、今度は別の疑問が出てきます。

インターネット上の掲示板などの書き込みそのものは「書き込みした本人がその文の作成者となる」のが当たり前です。しかし、それをプリントアウトした場合、その

第11章　失敗とギリギリの連続だったけど、取った修士は本物です

プリントアウト書面は「書き込みした本人が作成したもの」なのか、「プリントアウトした人が作成したもの」なのかという議論があって、当時、様々な議論がなされていたのです。(ニフティサーブ名誉毀損事件では、プリントアウトした人物が記名・押印していたので、作成者はプリントアウトした人ということになっています)

　余談ですが、刑事事件に関しては、捜査記録は担当した検察庁に置いてあり、通常は閲覧することはできません。ところが、1993年、横浜地裁川崎支部で行われたダイヤルQ2詐欺については、担当の検事がたまたま顔見知りだったということもあり、検事へのインタビューという形で調べることができました。罪名は電子計算機使用詐欺という事件でしたが、証拠となった電磁的記録はプリントアウトされ、プリントアウトした人物が記名・押印したとのことです。この事件ではNTTから電磁的データの提供を受け、検察事務官がプリントアウトしたため、作成者は検察事務官となっていました。

単に文献や判例集を読むだけの研究でないところが評価

　2度目の修士論文提出となった1998年1月、最終面接でいろいろと質問されました。ちょうど1年前は、大量の引用がバレて提出を撤回したというケチもついていたため、今度は大丈夫かと、厳しく聞かれましたが、実際に裁判所を訪れて判例を調べたり、検察庁へ出向いて事件記録についてインタビューしたり、元裁判官で電子記憶媒体(記録メディアの総称)の証拠価値について詳しい他大学の研究者と親交を深め、今後の訴訟手続において、今後はどうあるべきかを聞いてきたことなどがそれなりに評価され、やっと修士論文が「合格」になりました。

　ところで、私の修士論文は表紙・目次・要旨・参考文献などを除く、正味枚数はなんと39枚です。多くの学生が100枚以上の修士論文を提出しているというのに、こんなに少ない枚数です。今考えてみると、とても恥ずかしく思います。

神奈川大学大学院の学位記

　ところで、法律学の論文というと、判例や文

献をしっかり読んでまとめるという印象がありました。しかし、私が行った「これはどう扱うべきなのか」、「現在はどのように扱っているのか」などの疑問を持ったら、どこへでも出かけて行って聞きまくり、情報を収集するというのがかなり有用であることがわかりました。

そしてこの修士論文作成の経験でわかりましたが、研究者の発表した著書や論文は、あくまで学説の一つであるため、必ずしも正しいとは限りません。一口に電子記憶媒体といっても、様々な種類があるのに勘違いしている研究者も多かったのです。専門家の書いた専門書は、絶対的に正しい印象がありますが、特に私の論文のように最先端の技術の話になると、頼りにしてはいけないことも多いのです。この経験から、調べる対象については、なるべく直接見て、聞いて、体験することが大切だと痛切しました。

指導教授の口からは、何はともあれ最後まで頑張ったことについてだけはほめて頂きました。ただ、やはり入学の動機も不純なら、修了についてもいろいろケチが付きまくりの学生生活となってしまったため、今でも申し訳なく思っています。

それでも、やはり1年留年してでも、自分で頑張って修士論文を作成・提出したことはとても有意義でした。それまでいろいろな文章を書く機会に恵まれた私ですが、まとまった形の論文を書く経験なんて、そうそうありません。とくに目次を書いて、本文の概要を数ページにまとめる能力（いわゆる研究計画書の作成過程）は、現在の作家活動における企画書作成や執筆にかなり役立っています。

27歳で大学院を修了、そして本格的な会社経営へ

大学院を修了するということは、いちおう新規学卒扱いで就職活動をすることもできましたが、忙しさもあって、そのまま友人と会社経営を継続することにしました。

自営業者や起業家にとって、大学院修了の学歴なんてものは、仕事に直接的には関わってきませんから、費用対効果で考えると、大学院への進学は決して有効な学歴獲得手段とはいえません。ただ、私の会社はデータ入力、携帯電話販売、イベント企画、インターネット通信販売、輸入業など、業務や業態を転々と変えることになってしまいましたが、民事訴訟法で修士の学位を取得したこともあって、違法なことや取引先からの不当な要求には断固として立ち向かう知識や調査能力は得ることができたと思います。

第11章　失敗とギリギリの連続だったけど、取った修士は本物です

　データ入力会社時代の大手旅行代理店担当者からのカラ請求書やリベートの要求は論外ですが、私の会社事務所が入居しているビルの賃料の一方的な値上げに対しては法務局へ供託することで対抗しましたし、他の企画会社にホームページの画像を不当に使用された時には著作権侵害に基づく損害賠償請求訴訟を提起して後に勝訴しました。請負業務の報酬を支払わない会社には支払督促を申し立て、卸し会社からの価格統制には公正取引委員会への告発といった具合に、弁護士を雇わずして数々の法律手続を行うという行動力は、大学院生時代に培われたものだと思います。

　現在の私の仕事は作家活動を中心にした業務に落ち着いていますが、自治体や官庁へ取材する時など、役人がいいかげんな説明をする時には、大学院を修了していることを伝えるだけで、あからさまな虚偽説明をされることは少なくなりました。今の時代、大学を卒業した程度ではあまり自慢にはなりませんが、大学院を修了したということは、「ある事象について調査する能力がある」という印象を与えることができるようです。

大学の方から学生の募集方法を相談されるようになる

　2006年、私は初の書き下ろし作品となる『短大・専門学校卒ナースが簡単に看護大学卒になれる本』（エール出版社）を発表しました。この本は、大学評価・学位授与機構の行う学位授与事業を使って、学士（看護学）を取得するためのハウツー本として、増刷を重ねました。この本の中で、私は「放送大学を利用するのが最も合理的」と紹介したため、私の知らないうちに現在の放送大学の学生のうち、なんと5％が私の本を読んだ人たちで構成されるほどになったそうです。その功績が認められたこともあって、放送大学に講演を依頼されることもあれば、他の大学からは学生募集のためのアイディアを求められたり、手紙や電話で相談を受けたりすることもありました。

　現在、私はこの教育・進学業界における作家・ジャーナリストとして生計を立てていますが、少子化の影響や世

まなびピア埼玉2009で講演

界的な経済危機の問題もあり、ますます私のような者が必要とされていることがわかってきました。必要とされることはとても光栄ですが、やり甲斐がある一方で、国の政策のようにマクロな視点から見た大学や制度の在り方や、国際的な視点で見る生涯学習について、私はまだまだ知識不足です。この業界を知れば知るほど、知識も能力も不足していることを自覚することになります。

　そこで、少子化の影響を踏まえた上での教育行政や教育政策を学べるところはないかと思って、様々な情報を模索したところ、とんでもないところに目が行ってしまいました。

東京大学大学院への道

　私は、我が国の大学はどういう政策のもとに、どうあるべきかについて、どこへ行けば学べるものなのかを模索してみました。母校の神奈川大学や、近所の横浜国立大学などのウェブサイトをいろいろ見ても、高等教育政策に関しての学科はありません。そこで、日本全国の大学を調べてみたところ、何とか通える範囲の大学で、高等教育政策について学べる学校を見つけてしまったのです。それはあの東京大学でした。

　既に述べた通り、私は神奈川大学の入試も補欠合格。同大学の大学院博士前期（修士）課程も3回受験の上、やっと合格させてもらい、しかも修士論文を仕上げるのも更に1年かけてしまった男です。持っている学位は修士（法学）ですが、神奈川大学と東京大学とでは学校の格が違うような気がしてしまい、合格してもやっていけないのではないかとか、そもそも東京大学なんてところは自分には場違いのようにも感じたのです。

　これに対して、勇気をくれたというか、背中を押していただいたのは、本書の共著者である宮子あずささんでした。彼女はインターネットの日記サイトで、いろいろと苦しいけれど、東京女子医大の大学院博士課程に進む道を選んだと日記に綴られていたのです。これを読んで、私にもできそうな気がしたのです。そして更に背中を押してくれたのは、やはり共著者の渡辺治さんでした。彼は東大の大学院で工学博士を取得した、いわば先輩です。渡辺さんの「大学とか通信教育の実態について松本さんほど細かく知っている人はいないから、うまいこと入学して、ぶっ飛んだ研究をして博士になっちゃいなよ」という言葉には勇気づけられました。

第11章　失敗とギリギリの連続だったけど、取った修士は本物です

東京大学　安田講堂前にて（2009年）

そして現在、私は東京大学大学院教育学研究科に在籍し、博士の学位を目指して通学しています。ただ、通学してみて初めて身にしみたのですが、横浜在住の私にとって、東京都文京区本郷というのは、ものすごく通学しづらい場所なのです。かつて神奈川大学の大学院生だったときは、事務所と学校が隣接していたため、何とかやっていくことができましたが、現在はそこまでの準備はできません。多忙なルーチンワークや取材・執筆活動を続けながらの通学はとても大変ですから、既に音を上げつつあります。当初の目標は博士論文を書くとか、学位を取ることでしたが、今ではもはや「とにかく目先の単位を取ること」にシフトしています。

通学が困難とか、そもそも力不足で投げ出してしまうかもしれないとか、別のことに興味が移ってしまうのではないかという不安はあります。やめてしまうかもしれないのに入学するというのは、決して良いことではありませんが、神奈川大学の大学院生時代に、私の修士論文で唯一評価されたのは、「実際に現場に行って情報収集してきた」ことでしたから、教育問題を専門とする作家・ジャーナリストとしては、結果はともかく「東京大学へ行くこと」と「東京大学大学院の授業を体で感じてくること」が極めて重要なことだと思っています。

何年後かに、私の経歴に東京大学の「博士」の文字がついているか、それとも「退学」になっているのかは、全く見当がつきません。どちらかといえば、理由をつけてやめてしまうような気がしますが、何はともあれ、楽しみながら頑張っていきたいと思います。

オレ大学院生
修士論文はボロボロ…
松本くん、もう１年でちゃんとした修士論文を書きたまえ
あ……ハイ……
そして起業家
取引先とはケンカ別れ…
犯罪の片棒をかつげるかーボケ！
ドヒャー
だけど成績は最低の大学院生
松本くん、その程度では大学院生として恥ずかしいよ
ハイ
あげくの果てには交通事故
全治４ヶ月イタタタタ
取引先からは下請イジメ
仕事が欲しいならカラ請求書出せよ…
それって背任とか横領とかじゃ…
でもまあ、なんとか頑張って取った修士ですから、正々堂々と、自信を持ってお見せすることができますね
修士

©ぼうごなつこ

第12章 「学歴ロンダリング」に惑わされる人々と これからの大学院

　近年、社会人大学生・大学院生の本や記事を発表すると、読者からの問い合わせやマスコミからのインタビューなどで、「学歴ロンダリング」という言葉を用いられることが多く、私としては戸惑っています。

学歴ロンダリングとは、ただの謙遜用語
　「学歴ロンダリング」とは、汚いカネを洗浄して使えるようにする「マネーロンダリング（money laundering）」から派生した俗語です。意味としては、三流とか無名といわれる大学を卒業した人が、自己紹介などの場では最終学歴を示せばよい慣習を利用し、一流大学や有名大学の大学院へ進学し、あたかも優秀な学歴を持つ者であることを偽装することを指します。
　この言葉は、自己紹介する時などに、自分が資産家であることを謙遜して「私はただの成り金です」とか、同じく国家公務員が「国土交通省の税金ドロボーです」と言うように、あくまで謙遜する時に言う言葉だと思います。
　マネーロンダリングの典型といえば、脱税で支払いを免れたカネや違法な取引で得た金を、海外の預金口座に預けて引き出すとか、税務調査の入りにくい宗教法人に託して財産を隠しておくとか、無記名の金融商品にして少しずつ換金するとか、別会社を設立して取引を偽装して正規の収入を得たことにするという違法行為です。汚いカネをさもきれいなカネのように使えるようにすることから「洗浄（laundering）」という言い方をします。日本語としてはランドリー（laundry）という言葉の方が知られているので、発音的には「ランダリング」や「ラウンダリング」の方が分かりやすいかもしれません。
　学歴ロンダリングは、誰が名付けた言葉なのかはわかりませんが、偏差値の低い大学を出ていても、有名大学の大学院を出れば、最終学歴は有名大学卒のように見えることから、学歴を洗浄したような表現で言い表します。

「汚い学歴」という評価
　確かに、世間の人たちは人の能力を測るための指標として「最終学歴」という、よ

くわからない物差しで測ります。そういえば、東大卒のタレントとか、慶應大卒のお笑い芸人もいて、高学歴を売りにしている人たちはたくさんいますから、確かに学歴はパーソナリティを演出するための、重要な武器となります。

しかし、この「学歴ロンダリング」という言葉を、額面通り受け止めるなら、ずいぶん失礼な言葉です。そもそも自分の母校を「汚い大学」、そしてその汚い大学を踏み台にして進学した大学院を「きれいな大学」と表現しているのです。もちろん、偏差値の低い大学から、有名大学の大学院へ行けてしまった人が自虐的に「私は学歴ロンダリングです」と謙遜するために使う言葉ならまだ理解できますが、偏差値やブランドイメージの高いか低いかだけで「ロンダリング」と言い放つのはいかがなものかと思うのです。

ロンダリングされる側、つまり「汚い大学」と表現された大学に通う人、そこで学問を教えてくださった教員に対しては、この言葉は侮辱としか言いようがありません。

「学歴ロンダリング」という言葉を批判しつつも、この言葉がメジャーになりつつある理由も確かにあります。

本書の冒頭で挙げた水月昭道さんが、著書『高学歴ワーキングプア』で指摘したように、研究者・大学教員になるためには国立大学でいえば旧帝国大学と呼ばれる大学の出身者が、圧倒的に有利なのもまた事実です。

「大学の教員になりたいなら、うちの大学にいてはダメだ」

私も神奈川大学の大学院生の時に、そういう話を聞いたことがあります。確かに早稲田大学には早稲田大学出身の教授がいることがあっても、当時の神奈川大学法学部には、神奈川大学出身の教員はひとりもいませんでした。

大学の教員になるためには、有名国立大や有名私大の大学院生にならなければ、道は閉ざされてしまうというのは、現状を分析すれば間違ったことではありません。しかし、最終学歴が有名大学だったら大学教員や研究者としても優れているということにはなりません。

実は東京大学卒はあてにならない

私も東大の大学院へ入ってみて、初めてその威光に気付きました。知人に「東大の大学院へ通っている」と明かしただけで、水戸黄門の印籠の如く「そんなに優秀な人

だったのか」と、一瞬にして周囲の私に対する評価が変わるのです。東大だから頭脳明晰に違いない、東大だから間違ったことは言わないはずだ、東大卒の人が口に出した全ての意見は科学的根拠や明確な知見に基づいてなされたもののはずだという周囲の思い込みは激しく、確かにこの東大ブランドはものすごいと思います。しかし、人類の役に立つような研究をなし遂げた訳でもなく、ただ東大に入学したというだけで評価が上がるというのも変な話で、あまりの周囲の対応の変化に戸惑いすら覚えます。

　その一方で、「東大を出ていれば、自分の意見が通りやすくなる」というメリットを挙げ、東大卒であることを誇示する人もいます。しかし、東大だから意見が通りやすいとか、説得力を増すというのもおかしな話です。例えば東大を筆頭に、一流とされる大学を卒業して国家公務員試験に合格し、高級官僚になる人はたくさんいます。しかし、その優秀な人たちが束になって動かしているはずの我が国は、他国の経済危機によって深刻な経済危機が生じ、財政が弱り、日々の生活にも困る人たちが多くいます。国の借金（国債発行額）が前代未聞の数値になっていて、もう財政破綻寸前といわれているのに、なぜか天下り用の財団法人が無数にあったりします。本当に優秀な人が束になっているのなら、国が誤った政策を行うはずはありませんし、論理的に矛盾の生じるような政策を行うはずもありません。

　よく考えてみれば、三流と呼ばれる医大出身なのに優秀な医師もいるし、中卒の技術者が一代で世界的な企業を創業した例も多くあります。そして東大の博士号を持ったヤブ医者とか、東大出身だけど論文を１本も書かずに定年を迎えた大学教授など、そんな人たちを私は実際に何人も見てきたのです。

　本当に東大を卒業した人というのは優秀なのでしょうか。

　実は大した能力もないのに「有名大学の大学院へ行けば、指導教授の人間関係を使って地方の私大くらいなら研究者になれる」と思う人は多く、確かにそういう現実もあるため、それが「東大へ行けば研究者になれる」というのが常道となってしまっています。しかし、優秀な能力や発想力も無いのに、単に指導教授の人間関係だけで研究者になれるというのは、本人にとっても不幸なら、その研究者に教わることになる学生たちも不幸です。

第12章 「学歴ロンダリング」に惑わされる人々とこれからの大学院

品位のある人物は「学歴ロンダリング」という言葉を使わない

　私の知り合いや本書の著者、著名な研究者の多くは、自虐的なジョークとしては使っても、「学歴ロンダリング」という言葉は一種の侮蔑的な印象を持つため、めったに使いません。逆に、露骨に使っている人物がいるとすれば、本質的なことを理解していないことを自ら言いふらしていることになります。

　既に説明したように、学歴ロンダリングとは、本来は低く評価されるべき学歴を、高く評価されるよう偽装することを指しますが、よく考えてみれば、どこの大学院の論文が優れていて、どこの大学が劣っているかというのを、正確に計ることなどできるのでしょうか。

　例えば本書の第5章〜第11章まで、修士を取得した執筆者は7人いて、合計9つの修士論文や成果物があるはずです。本書は論文そのものを掲載しているわけではありませんが、誰の修士論文がどの程度のレベルだったかは見当がつきません。

　通信制もあれば、アメリカの大学院もある。大学も違えば分野も違う、同じ分野でも研究対象がまるで違えば単純な比較はできないし、同じ大学の同じ学位であってもページ数が多いか少ないかとか、指導教授が厳しいか否かなど、全ての修士論文は全て違うものとなっているはずです。

　さて、この中で、誰が一番で、誰がビリなのでしょうか。

　または、どの学歴がロンダリングされるべき「汚い学歴」なのでしょうか。

最終学歴という言葉そのものがあいまい

　よく、経歴を示すときに「最終学歴」という言葉を使いますが、この最終学歴というのは何をもって「最終」というのでしょうか。

　「学校に在籍してきた履歴の中で、最後に在籍していたところ」、つまり時系列的に「最終」と定義するのなら、大学院で修士を取得した後、放送大学へ編入学して卒業した人は「放送大学卒業」が最終学歴です。

　「学校に在籍してきた履歴の中で、最上位の学校」と定義するのなら、修士課程を2つ修了して、3つ目に挑戦している本書執筆者の稲垣諭さんは最上位が複数あることになります。

　また、その「学校」という定義もあいまいです。だいたいそれが学校教育法上の学校か、民間の私塾レベルも含めるのか否かも明確ではありません。もし学校教育法上

の学校しか書けないとすれば、宝塚歌劇団の養成所である宝塚音楽学校は学歴ではないし、政治家を多く排出している松下政経塾も学歴ではありません。よく考えてみれば、防衛医科大学校は医師の資格が取れる6年制の国立の教育機関なのに、文部科学省管轄の学校ではありませんから、これも学歴ではないことになります。

一方で、例えば大手予備校の河合塾や代々木ゼミナールは「専修学校」というカテゴリの学校ですから、ここに入学した人は、履歴書の学歴欄には予備校も書かなければならず、書かなければ学歴を意図的に隠したことになるので、記入漏れの履歴書を提出して就職したら、学歴詐称と言われることになります。でも、予備校在学歴を履歴書に書く人って、普通はいませんね。

つまり、この「学歴」という定義そのものが、最初からあいまいなのです。ハッキリしないものに、洗浄だの、ロンダリングだの、一流も三流もありません。まして、自分の卒業した母校を「汚いもの」ととらえて上位といわれる学校へ行き、「洗浄する」なんて言い方をすること自体、教員や卒業生に対して失礼なのです。

東大に入ってみて分かった「東大生の愚かさ」とは

私が読んだ本に、「東大の大学院を修了して一般企業に就職したら、同期入社の社員の中でディスカッションする際に、誰も自分の意見に反論できなくなった」と書いていた人がいました。同氏はそれを学歴ロンダリングのメリットだと述べていました。

確かに、議論をしている中に東大卒の人がいて、その人がある意見を述べたら、反論しにくいし、下手に議論を挑んだら、「君はそんなことも知らないのか」と小馬鹿にされそうな印象があります。

しかし、「東大の人の意見が必ず正しい」という保証はどこにもありません。「東大の人が言う意見だから、森羅万象を知り尽くした上でのもののはず。だからきっと正しい」という、人々の勝手な思い込みによるものでしかありません。

今まで三流扱いの人が、東大へ入学した日からスーパーマンになるという感覚は、どう考えても不自然です。私も東大へ行って知りましたが、この「東大の門をくぐった瞬間に、いかなる過去も清算できて、エリートのような振る舞いができる」という現象は、学歴というものを研究しているひとりとして、非常に興味深く、そして違和感を抱きました。

「東大の卒業生なら優秀だ」、「東大の教授なら絶対正しい」という世間の勝手な思い込みが、御用学者を生み出します。御用学者とは、時の政府や権力にへつらって、科学的または論理的な事実とは異なる意見を述べて世論を誘導する学者の蔑称ですが、東大ブランドはまさに「御用学者にとっての学歴ロンダリングのメリット」です。

「意見が通りやすくなる」というメリットは、転じて「愚かな判断なのに学問的裏付けがあるように偽装できてしまうこと」なので、そのような手法で発せられた意見や結論について、私は何の価値も感じません。社会にとっては迷惑千万で、デメリットなのです。

そもそも大学院の役割とは何か

学校教育法第99条によれば、「大学院は、学術の理論及び応用を教授研究し、その深奥をきわめ、又は高度の専門性が求められる職業を担うための深い学識及び卓越した能力を培い、文化の進展に寄与することを目的とする」とあります。

従来型の修士課程や博士課程は、原則としては大学などの教員を養成するための課程ですが、これをもっと具体的に言うと、「真実を発見するために科学的や論理的な手法で情報を収集し、精査・分析を行った上で発表する手法を学ぶ課程」ということになります。これも少し具体性に欠けるので、ひとつ例を挙げてみます。

「人を残虐に殺すテレビゲームがヒットすると、凶悪な少年犯罪が増える」という命題があって、この命題が我が国において正しいのか否かを、あなたが調べることにしたとします。

ワイドショーのコメンテーターなどは、少年犯罪のニュースが流れた後、司会者に意見を求められて、特に調査・研究した経験もないのに、「有害なゲームをやり続けることによって子どもの頭がゲームに洗脳されてしまい、子どもたちも凶暴になる」なんて結論を、軽々しく述べてしまうことがあります。それを鵜呑みにして行政がゲームソフトを有害指定にするとか、子どもにゲームを買い控えさせるなんてことはよくありますが、大学院では、例えば犯罪心理学の観点から「それは本当か？」という疑問を持って調べます。もしみなさんが調べて論じる立場であれば、このようになります。

まず、残虐とされるゲームと少年犯罪の因果関係・相関関係について、過去に調査

が行われたとか、関連する論文が書かれたことはないかについて、図書館やインターネットを駆使して探し出します。これはあなたに先行して誰かが行った研究ですから、「先行研究」と呼びますが、全く同じ題材がなければ、似た題材の論文を見つけてきます。それらの論文が、どういう手法で調べ、どういう結論に達したのかについて、情報を収集します。

　次に、その先行研究に全く疑問を挟む余地がなければ、新しい論文にはなりませんが、たいていはその先行研究が行われた時期や時代と現在を比較すれば何らかの違いが出てきますし、結論をつけるのに使ったデータの採取方法は適正だったか否か、より正しくデータを収集する方法は他にはあるか否か、採取されたデータをもとにして行った分析や解釈は、心理学の常識に照らし合わせて適正だったか否かなど、調べることは次々と出てきます。

　そして、より真実に近づけるような事実を収集するため、アンケートや個別の調査を行うなどのデータ収集を行った上で、自分の解釈や意見を述べます。

　これをまとめると、「ある事柄に疑問を持ち、先行研究を踏まえた上で、新たにデータを収集し、自分なりの解釈をもとに、自分の見解を適切に述べる」というプロセスを経ることになります。

　科学的・論理的に矛盾のないように調査していれば、仮に調査方法に誤りがあったとしても、後で追跡調査や検証を行うことが可能です。こうした手法や適正な分析方法をとって、実際に論文を作成する教育を行います。

　つまり、このプロセスを、指導教授の下で学べる教育機関が大学院なのです。

指導教授にロンダリングなどは関係ない

　さて、この「ある事柄に疑問を持ち、先行研究を踏まえた上で、新たにデータを収集し、自分なりの解釈をもとに、自分の見解を適切に述べる」というプロセスは、原則として指導教授のもとで学びます。大学教授は、様々な大学を転々とすることの多い職業ですので、学部の偏差値の高い大学であれば良いとか、ブランド校なら素晴らしいに違いないというものでもありません。

　だから、定年を迎えた国立大学の教授が地方の私立大学に再就職しているケースを想定すれば、かつて国立大学で行われていた大学院教育を地方で受けられるということになるし、逆に経験の浅い教員が有名大学の教授になってしまった場合には、教育

方針にムラが出てしまうかもしれません。

　同じ大学で同じような分野であったとしても、「誰が指導教授になるか」で、授業の充実度は違ってくるし、教授の能力の差によって、いろいろ悩むことも出てくると思います。

　したがって、こうした実情を考えれば、大学名で大学院を選ぶこと自体が愚かなのです。

大学院は、教授との相性・教授の業績・学習環境を重視せよ

　「学歴ロンダリング」の発想で考えるのなら、どうせ大学院へ行くのだから、なるべく一流とされるところへ行きたいと思う人は多くいます。

　しかし、散々述べたように、大学院に関していえば、何をもって一流なのかが全くもって比較できません。もちろん、一流とされる大学院は、それなりに何か特別な魅力があるのかもしれません。一流を目指す人たちが来るから自ずとモチベーションが上がって、超一流になるという効果もあるかもしれませんし、一流という自負があるからこそ教育に熱心になるのかもしれません。

　でも、よく考えてみれば、それは運に左右されることではありませんか。一流とされるところを選んで進学したけれど、全然楽しくなかったとか、教授との相性が最悪で、通学が苦痛だったなんて話もよく聞きます。そして、なにげなく入学した大学院ですばらしい指導教授に出会えたことで、研究に開眼した人も多いはずです。

　つまり、大学院進学は、指導教授の研究者としての実績や能力があなたの求めるものであり、あなたとの相性が良好で、あなたのやりたい研究を実践する設備が適切で、しかも続けやすい環境であることが大切なのです。つまり、これを一言で表すなら、「学びやすさ」です。

　もちろんこれは、社会人学生に限ったことではありませんが、働きながら学ぶのであれば、学校名ではなく、やる気の維持ができる大学院を選ぶべきだということです。

幸せな大学院進学に必要なのは徹底した事前調査

　世の中には、結果の善し悪しとかリスクを計算しすぎて前に進めない人とか、失敗を恐れて挑戦しない人が大多数です。その中で、どんなところか見るだけでもいいや

と思って進学するのも決して悪くありません。たまたま目についた大学院で、通学も便利そうなので受けてみたら合格した。実際に通ってみると、教授とも関係も良好だったという幸運は確かにありますので、どんな方法でも挑戦するのは良いと思います。

　ただ、大学院を経験した私たちから言わせると、やはり事前に可能な限り複数の大学院を実際に訪れてみるとか、自分の研究に近そうな教授と接触するとか、その教授の書いた論文を読んでみるといった調査をして、本当にやっていけるかを検討すべきだと思います。

　志望する学生の多い大学院や研究室だと、なかなか面会に応じてもらえないかもしれません。それでも、その教授の学会発表などを訪れてみるとか、学部の授業に紛れ込んで、5分とか10分でもいいから顔を合わせてみるというのも良いと思います。本当に入学してしまったら、修士課程ならその教授と2年間は顔を合わせなければならない関係になるので、ぜひ「会ってみること」をお勧めします。

　そしてたくさんの選択肢の中から、自分にとって最も学びやすい大学院を選んだとき、「学歴ロンダリング」なんてことが、いかに愚かであるかがわかるはずです。

優秀な人物が研究者・大学教授になれる日を

　大学の教員になれる常道は、今のところ「有名大学で、有力な人間関係を持つ教授の下で研究をすること」かもしれません。しかし、これを繰り返していけば行くほど、さほど有名ではない大学院に在籍する「本当に優れた発想力を持っている人」が埋もれ、たまたま有名大学の大学院に在籍する「大して優秀ではない人」が教員になってしまいます。概して、平凡な教員が優秀な学生を受け持つと、自分の稚拙さが露呈しないよう、研究者としての芽を摘んでしまうなんてこともよく聞きます。

　「有名大学へ行けば研究者になれる」、「有名大学でなければ研究者になれない」なんてことは、本末転倒なので今後は改めていかなければならないことだと思っています。

優秀な人に「修士さえあれば研究者」という誘いが来る時代

　現在は、大学教員の世界では、修士を持っているのが当たり前で、博士を持っているのが普通、本格的な人はそれに加えて外国の学位も持っているなんて話をよく聞き

ます。つまり、本書で再三に渡って指摘したように、高学歴で学位も持っている人は、大学にしてみればいつでも集められる、ごく普通の人材ということになります。

ところが、私の周辺には、たいして有名な大学を卒業したわけでもなく、大学院もそんなに有名という訳でもないのに、「修士を持っている」というだけで大学の専任講師になった人が数人、その中には「社会人学生として修士課程に在学中」という人までいます。

また、地元の無名の大学を卒業しただけの私の友人が、自分の仕事の延長線上で興味を持ったことについてブログに投稿していたところ、ある日、某私立大学の非常勤講師に誘われました。その要請に応じて講義を行ったところ、それを見た教授からは「君が修士を持っていたら専任講師に推薦できるのに…」と言われ、彼は現在、大学院進学を模索しています。

努力して学位を取って、多くの論文を発表して就職活動をしても大学の非常勤講師にしかなれない人がいる一方で、「どこの大学でも何の分野でもいいから修士さえ持っていれば専任扱いにする」とスカウトされる社会人がいるのです。

実は、少子化と大学乱造の影響から大学全入時代に突入し、4年制大学卒業者の希少価値が低下したことと、昨今の経済危機などの影響で文系大学卒業者の内定率・就職率が低下しています。そのため、教養教育を行ってきた大学が、専門学校にならって実学教育・職業教育に力を入れるようになったのです。

こうした大学では、単に大卒だけではなく、資格に直結するカリキュラムや実際の仕事に関連する内容が学べる学科を創設してくることになります。こうなると、大学を卒業して順当に大学院を経た研究者だけでは教員が足りなくなるのは明白で、豊富な実務経験を有する社会人を中心にして教員を募集するという動きを見せてきます。しかし、単に社会人というだけでは、情報収集・分析・報告能力について疑問が生ずるため、修士の学位を持っているか否か、学会誌への投稿経験などを重視するのです。

つまり、豊富な専門知識や実務経験を持つ優秀な社会人であれば、「どこの大学の何の分野でもいいから修士を持っていれば良い」という結論に至るのは理解できます。

なぜなら、本書で説明した通り、修士は単なる大学卒業者と違い、単なる知識量だけではなく、相応のプレゼンテーション能力と、修士論文という情報収集・分析・報

告能力を証明するものを持っていることになるからです。これはまさに大学教員として必要なスキルなのです。

修士を持っていれば優秀な職業人になれる時代

　修士に関わるスキルは、研究者だけではなく、一般の社会人にも有用です。

　本書で紹介したケースでは、いわゆるサラリーマンなどでは学位を有することによってただちに給料が上がるということはあまり見られません。しかし、修士を取るプロセスの中で、「一定の知識を持った上で、論理的にものごとをとらえて、考えて行動を開始する」ということは、再三に渡って行ってきたことです。この経験は、間違いなく仕事に役立ちます。

　例えば私の知っているケースを上げると2つ挙げます。

　損害保険会社の営業マンが大学院で心理学的な手法を学び、初対面の人と会った時に人を安心させる話し方を思いついて実践してみたら営業成績が実際に伸びて、その手法をマニュアル化したら事業部全体の成績が向上したというケース。家電メーカーに勤務するクレーム担当者が大学院で消費者保護に関する法律を学び、クレーマーの発生状況とその処理に関するコスト計算をしてみたところ、裁判に発展させるよりも、顧客に説明を尽くして納得させ、早めに処理した方がコストを低く抑えられ、かつ売上向上につながったことがわかったというケースです。

　これは、両方とも、現場のスタッフが思いついたことがきっかけにして、業績の向上につながったケースです。本来であれば、別にここに「大学院」が介在する必要はありません。保険の営業もクレーム処理も、結局は現場の人間の創意工夫によって行われて、その現場を担当するスタッフで情報を共有するからです。

　ところが、その現場スタッフの行った創意工夫が、その現場にだけ活かされるよりも、もっと議論したり、研究発表を行ったりして、会社全体の共有財産として情報交換された方が、その企業は優良な企業として発展します。つまり、「現場の創意工夫がその現場だけではなく、学術的な報告様式によってその会社全体に報告される」ということが重要なのです。大学で行われた研究が、学会や学会誌で発表され、国内外の研究機関で採り入れられることが、学問の発展に寄与するように、現場で行われた創意工夫が企業の発展に寄与するのです。このプロセスを知っているのが修士であり、プロセスを教えるのが大学院です。

そしてその発展の発端となった人は、当然、企業から尊ばれる存在になり、昇進や昇給などの面で優遇されるようになります。

つまり、これからの大学院選びはブランドではありません。科学的・論理的に矛盾のない学術的思考や報告の方法が学べるかどうかが重要になる時代なのです。

次の一歩はインターネットや進学情報誌

さて、本書を読んで、大学院へ行くことや働きながらコストを抑えて勉強を続けることがわかったみなさんは、ぜひ次の一歩を踏み出すべきです。

その一歩とは、みなさんが通いやすい、またはアクセスしやすい大学院を探すことです。

こうした情報はインターネットや各種の進学情報誌で、かなり詳細な情報が発信されていますので、まずはパソコンの前に陣取って調査したり、書店の進学コーナーへ足を運ばれたりすることをお勧めします。

あなたにとって、人生を変える、素晴らしい大学院を見つけられるといいですね。

ひがしきょうの
東京野大学大学院修了
ムフフ…
修士（経済学）
金融工学専攻
そこそこ
粗古底大学大学院修了
学位はなんとか取れたけど…
修士（経済学）
貧困社会研究
粗古底
東京野
一般には、ブランド大学の方が見栄えが良いのは確かじゃが……
学歴ロンダリングで上位の大学くらい出てないと、今どき恥ずかしいでしょ?
バカ者！キサマはただ運が良いだけじゃ！オマエのようなヤツが、格差社会や差別を生み出すのじゃ！恥を知れ！
！
そもそも学歴なんぞで本当の頭のよさを計ることなど無理なんじゃ！それをわからず、むしろ恥ずかしいのはオマエの方じゃ！ タワケ！
よく考えてみれば、偉い人がたまたま卒業したのが一流大学であって、一流大学を出た人全員が、いきなり偉くなるわけじゃないですよね……
え…？
じゃ、ぼくががんばって偉くなれば、ぼくの母校も一流になりますね！
そうじゃ修士を取れた君ならできるぞ！
終

あとがき

　夢や希望を持って大学院へ進学ようとしてこの本を読んだけれど、必ずしも良い就職に結びつくわけではないという話を聞いて、すごく残念に思う方も多いと思います。

　しかし、よく考えてみましょう。大学とか大学院というのは、就職するための予備校なのでしょうか。本来的には違いますよね。むしろ、就職するための養成学校といえば、歴史的に見れば専修学校（専門学校）などを指します。

　かつて大学というのは、限られたエリートが行く学校で、そのエリートたちに教育を施す大学教員を養成するのが大学院です。「エリートのため」というと語弊があるかもしれませんので言い換えるとすれば、大学院とは「最先端の学問・研究を行う人たちを受け入れる学校」と言い換えることができると思います。地元の高校で学業優秀な人を数人ずつ集めてきて、大学で教育を施せば、その中で更に優秀な人たちが出てきて、その教育を「研究」のレベルまで深めることができるかもしれません。その優秀で研究を深めることのできる人たちを養成する機関が大学院であって、その研究を深めて「論文」という形を残すことのできた証が修士や博士の学位なのです。

　ところが、4年制大学は際限なく増え、誰もが大学へ行ける時代になり、それにともなって大学院も増加してくると、今度は多くの人たちが修士・博士の学位を取得する機会に恵まれます。誰もが上位とされる学位を持っていると、もはや能力の優劣がわからなくなってしまうのです。そもそも、修士や博士レベルの研究（論文）を、第三者が一読して優劣を測れるほど単純な性質のものではありません。すると、とりあえず有名大学の学位を持った人を招聘するのが無難でしょうし、業界では知らない人がいないくらい有名な教授の弟子であれば優先させてしまうというのも理解できなくはありません。

　でも、もっと根本的なことを考えてみれば、研究者になりたいからとか、大学教員になりたいからというのは、結局のところ「好きなことを勉強して、それを仕事にしていきたい」という欲求ではないのでしょうか。

　そういう欲求を満たし、いつか必要とされる日を待つために、「働きながら大学院へ行く」という選択は、極めて合理的なのではないでしょうか。

　「働きながら学ぶ」、「年齢を重ねてから学ぶ」というのは、国際的にみれば、決し

て珍しいことではありません。社会人だから、または年齢を重ねたからこそ味のある研究ができるという利点もあるのです。

　本書を読んでいただいたみなさんが、私たちのこの考え方に少しでも共感していただいて、楽しい大学院生活を送られることを、心からお祈り申し上げます。

2011年12月　　著者一同

著者のプロフィール

松本肇（まつもとはじめ）／学歴研究家、実践教育ジャーナリスト。
神奈川県川崎市生まれ。神奈川大学法学部卒業、同大学院法学研究科修了、東京大学大学院教育学研究科大学経営・政策コース在学中。NHK、学研、よみうり日本テレビ文化センター講師等を経て現職。放送大学、日本福祉大学、大学評価・学位授与機構などで、10の学位を有する。代表作は『短大・専門学校卒ナースが簡単に看護大学卒になれる本』（エール出版社）。

稲垣諭（いながきさとし）／某メガバンク行員。
京都府京都市生まれ。神戸大学卒業、産能大学卒業、産業能率大学大学院経営情報学研究科修了（MBA）、明星大学大学院人文学研究科修了、武蔵野大学大学院人間学研究科在学中。大学評価・学位授与機構にて9つの学位を取得。キャリア・コンサルタント、宅建、行政書士等保有資格231。厚生労働省所管のビジネス・キャリア制度の取得ユニット数日本一位。生涯学習の実践者であり、独自の研究を継続中。

長沼貴美（ながぬまたかみ）／大学教員、看護師、助産師。
神奈川県横浜市生まれ。神奈川県立病院付属看護専門学校修了、神奈川県立衛生看護専門学校助産婦学科修了。放送大学・玉川大学を経て、大学評価・学位授与機構で学士（看護学）を取得。広島大学大学院生物圏科学研究科博士課程後期修了し、博士（学術）を取得。訪問助産師、開業助産師を経て、現在は広島国際大学看護学部教授。一男一女の母。

如月真実（きさらぎまこと）／薬剤師、薬店経営。
徳島県阿南市生まれ。徳島文理大学薬学部卒業、放送大学大学院修了、日本福祉大学通信教育部福祉経営学部卒業。放送大学教養学部心理と教育コース在学中。病院勤務、ドラッグストア店長を経て、薬嫌いの薬屋経営。通信制大学で学ぶ傍ら薬店で接客業務。薬剤師、臨床検査技師、社会福祉士に続き、FP技能士、社会保険労務士と国家資格に挑戦中。

木村知洋（きむらともひろ）／システムエンジニア。
東京都練馬区生まれ。昭和鉄道高等学校運輸科卒業、東京工業大学工学部付属科学技術高等学校専攻科電気科卒業、日本大学文理学部応用数学科卒業、慶應義塾大学経済学部（通信）卒業、京都産業大学大学院経済学研究科（通信）修了。放送大学に在学中。システム開発会社勤務。ブラマー『ケアする人だって不死身ではない』（北大路書房）一部翻訳。

宮子あずさ（みやこあずさ）／看護師、著述業。
東京生まれ。東京都立大泉高校卒業。看護師として働く傍ら、大学通信教育で学び、現在東京女子医科大学大学院看護学研究科博士後期課程看護職生涯発達学専攻在学中。精神科病院で非常勤の看護師として働きつつ、看護雑誌を中心に文筆活動、講演を行う。研究も含め、テーマは看護師が仕事の意味を味わいながら、息長く働ける状況づくりである。

渡辺治（わたなべおさむ）／建築家、まちづくり実践家。
北海道札幌市生まれ。北海道大学卒業、同大学院修士課程修了、ペンシルバニア大学修士課程修了、東京大学博士課程修了。建築設計コンペで多数入選。幼稚園、保育園、病院、福祉施設の設計を多く手がける。多摩川幼稚園、明愛幼稚園は『建築MAP東京・2』（TOTO出版）に掲載されている。「川崎ファクトリー」、「川崎南高を活かそう会」事務局長。

ぼうごなつこ／漫画家、イラストレーター。
神奈川県横浜市生まれ。高木女子高等学校卒業。放送大学教養学部（社会と産業コース）在学中。東京中日新聞契約法廷画家（横浜支局）、有限会社トライアルコーポレーション勤務。『ホームページ泥棒をやっつける』（花伝社）で漫画家デビュー。代表作は『これならできる！高認合格"超基本"テキスト』（オクムラ書店）。

氏ムシメ（うじむしめ）／漫画家、現役ワーキングプア。
東京都立園芸高等学校卒業。代々木アニメーション学院マンガ学科在学中。昼は学生、夜は都内スーパーのアルバイト店員。月収8万円の中から毎月5万円の学費ロー

ンを返済中。自宅は家族所有のヒューザー耐震偽装マンション。本書にてプロ漫画家デビュー。代表作は『ワーキングプアのクリスマス』(マンマルドットコム)、『ワープア漫画道』(ワーキングプアステーション)。

提出当日....

あれ!?
プリンタが動かない…
せっかく買ったのに…

シーン

こりゃ!!
しっかり事前に確認
しておけい!

©氏ムシメ

「社会人大学院生のススメ」
働きながら、子育てしながら博士・修士
ISBN978-4-86053-114-0

2012年4月20日　第1刷発行	
編　　者	松本肇
著　　者	稲垣諭・長沼貴美
	如月真実・木村知洋
	宮子あずさ・渡辺治
イラスト	ぼうごなつこ・氏ムシメ
発行者	佐　藤　民　人

発行所　オクムラ書店
http://okumurabooks.com/
〒101-0061 東京都千代田区三崎町2-12-7
電話東京 03（3263）9994
振替東京 00180-5-149404

製版・印刷　㈱シナノ